尾崎行雄から小泉純一郎まで………

時代を動かす政治のことば

読売新聞政治部 編

東信堂

序文

二〇〇一年四月に誕生した小泉政権は、かつてない高い内閣支持率の下でスタートした。その理由の一つとして挙げられるのが、小泉首相の歯切れの良さである。

東京の両国国技館で行われた大相撲五月場所で、足の痛みをこらえながら優勝した貴乃花に賜杯《しはい》を手渡した時の言葉は、「よく頑張った。感動した。おめでとう」である。その言葉は、仁王のような貴乃花の形相と相俟って、短いながらも万感の思いが込められた言葉として、その場所に居合わせた観衆のみならず、テレビやラジオを通してその場面に立ち会った数多くの人々の脳裏に焼き付けられた。

小泉首相の言葉の新鮮さは、政治の場でも同じように印象付けられている。首相就任後、国会における初の所信表明で強調したのは、「恐れず、ひるまず、とらわれず」だった。国民の政治不信、政治離れが極点に達する中で、それまでのしがらみ、陋習《ろうしゅう》、悪弊などに縛られる事なく、新たな道を模索すべく、政治運営にあたっていきたいという小泉首相の姿勢は、変革への強い期待感を国民に抱かせる事になった。

その源となったのは、首相の言葉である。短くも、決して軽くはないその言葉は、久し振りに政治家の言葉に脚光を浴びせる事になった。

力の源泉には様々なものがある。核や原子力潜水艦、戦闘機などに象徴される軍備はその典型だ。金もまた然りである。男性をとろかす女性の美貌も、力を裏打ちする一つの要素に数えられるかもしれない。

政治の場において、力の源となるのは何だろうか。指導性や調整の才など、様々なものがすぐに頭に浮かぶ。だが、その根源にあるのは「言葉」である。軍事力や金力に比べれば、それこそ頼りなげではあるが、道理と熱情を以って相手を説得する術は、古来政治家にとって最も必須とされる要素であり続けてきた。議会を「言論の府」と称するのも、言葉を通じ、自らの考えを訴え、広く理解を得るために、論戦を繰り広げる事を生業とする政治家が集う場だからこそである。

日本の国会においても、二〇〇〇年一月から、「国家基本政策委員会」を舞台に、党首討論が導入されるようになった。与野党の党首が、それぞれ思うところをぶつけ合い、同時に相手の主張の論理の矛盾や弱みを鋭く衝《つ》き、見る人、聴く人に自らに理があるところを認めてもらおうとする作業を通じ、「言論の府」の神髄を示そうとの狙いによるものだ。意気込みやよし、である。

しかし、現実の党首討論は、言いっぱなし・聞きっぱなし、そしてはぐらかしの連続という側面も強い。感動とはいかずとも、聴く者をなるほどと思わせるやりとりに遭遇する事は稀である。政治家の勉強不足によるものか、それとも政治家の「言力」が衰えたのか。いずれにしても、凝縮されるべき四〇分間は本来の姿には程遠いのが現実である。

もとより、今の政治の姿が、議会政治開闢《かいびゃく》以来続いてきた訳ではない。大日本帝国憲法下の一八九〇年、帝国議会が開設されてから今の国会に至るまで、数多くの名演説があり、聴く者の心を打つ論戦が交わされてきた。尾崎行雄の「玉座をもって胸壁となし、詔勅《しょうちょく》をもって弾丸に代えて政敵を倒さんとするものではないか」との演説が行われたのは、一九一三年の衆院本会議場であった。尾崎は、原稿も見ず、朗々たる声で二〇分間にわたる演説をこなした。「近ごろ稀有の快弁」(読売新聞)と評されたのはこの時である。

長年にわたり、政治家と言論について研究している芳賀綏《やすし》東京工業大学名誉教授によれば、「尾崎の舌鋒鋭い言論は大正デモクラシーへの門を開いた」。政治家の言葉が政治の流れを作った好例である。

軍という、事実上不可侵の権力が存在していた戦前は、議会といえども、軍の干渉から逃れる事は出来なかった。しかし、そうした厳しい状況の下でも、様々な物言い、政治の針路や軍のあり方を批判する演説が生まれた。緊張関係があったが故に、演説や言葉がより研ぎ澄まされ、結果として肺腑《はいふ》を衝《つ》くものも数多く生まれた。

言論の自由が確保されるようになった終戦後も、また幾多の言葉が政治史を飾った。狭い檻の中にひもじい思いをしながら閉じ込められていた猛獣が、まさに解き放たれた瞬間、それこそ猛烈な勢いで餌を追い求めるかのように、政治家が競って言葉を発するようになった。心の奥底に秘められていた「言葉への渇望」が、一気に開花したのである。自ずとそこには、政治家同士が切磋琢磨する状況が生まれた。

共通しているのは、国民を説得するために、或いは相手の政治家より一歩先んじるために、いかに得心のいく言葉を連ねるべきかを、それこそ声の調子、間合い、リズムに至るまで日々研鑚を積んでいた点だ。そこには、いつの時代であっても、言葉を以って理解を得る事により、支持を募っていくという原点に賭けようとする政治家の飽くなきこだわりが秘められていた。

政治に対する国民の不信が指摘されるようになって久しい。国民の心にあるのは、政治家への言いようのない猜疑心である。それが澱《おり》のように沈殿するのと比例するように、政治への不信感が増幅されてきたのがこのところの政治の置かれた構図でもある。

ごく単純化して言えば、「利権の配分が政治家の仕事」であり、「『派閥あって党なし、党あって国家なし』が政治家のありのままの姿」といった受け止め方が国民の間に定着してしまった結果、政治家本来の仕事である「言葉による説得」という過程が政治家と国民の間に成立しなくなってきているという事でもある。もとより、そうした人々を選良として送り出す事を容認してきた国民の側の責任が問われるのは当然である。しかし、その最大の原因は、政治家自身が、言葉への信頼を失い、言葉を通じ国民に訴えていくという本来の仕事をどこかに放り出してしまったところにある。

ネットの時代と言われる今日この頃である。こうした状況はさらに強まる事も予想される。そうであれば、言葉を媒介にした国民の政治への参画は、望むべくもなくなる。

小泉氏が当選した自民党総裁選の過程において、小泉氏の演説を聴くべく東京・渋谷の駅頭には一万人の人が詰め掛けたと言われる。首相の登場は、言葉を通じ、国民の政治への関心を再び呼び起こした事は紛れもない事実だ。国民が政治になお望みをかけている証左でもある。政治の言葉の復権が、今こそ求められる理由もそこにある。

本書は、昨年一年間にわたり、読売新聞の政治面に連載した「二〇世紀　政治の言葉」をベースに、加筆したものである。新世紀の初頭に送り出す本書が、少しでも政治の活性化に役立てば幸いである。

読売新聞政治部長　弘中　喜通

目次／時代を動かす政治の言葉

〔10〕地方から中央を包囲する　飛鳥田一雄　一九七三年　176
〔11〕七・三の構え　河野謙三　一九七三年　180
〔12〕青天の霹靂　三木武夫　一九七四年　184
〔13〕人命は地球より重い　福田赳夫　一九七七年　188
〔14〕日本列島を不沈空母に　中曽根康弘　一九八三年　192
〔15〕駕籠に乗る人担ぐ人そのまた草鞋を作る人　田中角栄　一九八四年　195

第六章　失言、暴言、妄言……199

〔1〕日本は天皇中心の神の国　森喜朗　二〇〇〇年　200
〔2〕めかけは四人でなく五人　三木武吉　一九四六年　204
〔3〕ばかやろう　吉田茂　一九五三年　206
〔4〕日韓併合は韓国側にも責任　藤尾正行　一九八六年　209

注

登場する政治家等でコメントをいただいた方々は、インタビュー当時の肩書きで掲載した。写真については、とくに断りのないものは読売新聞社所蔵。

時代を動かす政治のことば——尾崎行雄から小泉純一郎まで

第一章

冷戦の終焉と
新世紀の幕開け

「内平らかに外成る」（史記）「地平らかに天成る」（書経）

一九八九年一月七日、昭和天皇が崩御し、元号は「平成」に変わった。「国の内外にも天地にも平和が達成される」（竹下首相談話）という意味を込めた言葉だったが、逆にこの年から日本の政治は激動期に入った。リクルート事件、消費税、農政問題が問われた七月の参院選で自民党は記録的な大敗を喫し、参院の与野党の勢力は保守合同以降初めて逆転した。「政治改革」が声高に叫ばれ、冷戦の終焉、湾岸危機など新たな国際情勢に対応するための日本の「国際貢献」が問題になった。「政界再編」、「政権交代」がキーワードになり、「新党ブーム」と言われるほど数多くの新党が誕生した。

九三年八月に発足した細川内閣で、自民党の長期一党優位の体制はピリオドを打つ。だが、細川、羽田と続いた非自民・非共産政権は、わずか一〇か月あまりで挫折した。以後、自民党を中核とする連立政権が続いているが安定には程遠いままだ。「政治主導」、「行政改革」、「沖縄米軍基地問題」とともに新たなキーワードとなった「経済再生」に象徴されるように、バブル崩壊後の九〇年代の日本経済は「失われた十年」といわれる。経済の混迷は、こうした政治の混迷を背景にしたものだ。

小泉内閣は、自民党の支持率が急落し、危機的な状況に陥った中で登場した。だが、「聖域なき構造改革」を唱えて発足した小泉内閣は発足時八七％（読売新聞世論調査）という史上最高の支持率を得た。「ワイドショー内閣」とも揶揄されるが、政治に国民の関心が高まったのは細川内閣以来だ。「第三の開国期」といわれて久しいが、小泉改革でこの混迷する転換期を脱することができるだろうか。

〔1〕恐れず、ひるまず、とらわれず

小泉純一郎　二〇〇一年（平成一三）

二〇〇一年五月七日、衆院本会議場で小泉純一郎首相（一九四二〜）は所信表明演説でこう強調した。
「新世紀維新とも言うべき改革を断行したい。痛みを恐れず、既得権益の壁にひるまず、過去の経験にとらわれず、『恐れず、ひるまず、とらわれず』の姿勢を貫き二一世紀にふさわしい経済・社会システムを確立していきたい」

民主党の菅幹事長は一四日の衆院予算委員会でさっそくこの言葉を取り上げて、「自民党を壊すことを恐れず、族議員の抵抗にひるまず、自公保の枠組にとらわれずと理解していいか」と質問。首相は「古い自民党を壊すことを恐れず、民間にできることはまかせて、族議員の抵抗にひるまない。自公保は大切にするが、民主党が協力してくれるなら今までの枠組にとらわれない」と切り返した。

自分なりの表現と当意即妙な切り返し。断定調で短いセンテンス。「聖域なき構造改革」「構造改革なくして景気回復なし」など巧みなキャッチフレーズ。

そんなところに小泉首相の言葉の特徴がある。森喜朗・前内閣の支持率が一〇％を切り、ケーエスデー

派手な身振りで答弁する小泉首相（衆院本会議で、2001年5月10日）

中小企業経営者福祉事業団（ＫＳＤ）をめぐる贈収賄事件や機密費流用事件などで自民党政治に閉塞感が強まる中、小泉氏の「解党的出直し」、「派閥あって党なし」といった言葉は国民の心をとらえた。改革への期待感は急激に高まり、内閣発足当初の支持率は史上最高の八七％（読売新聞世論調査）を記録した。

小泉首相の言葉の特徴を挙げれば、先の所信表明演説に盛り込んだ長岡藩の米百俵の逸話*や、忠臣蔵など歴史の逸話をたとえ話として使うことがある。

小泉首相は都内で開かれた若者との対話集会（二〇〇一年七月一〇日）で、こう語っている。

「政治家として勉強になったのは、歴史に関する情報。戦国時代、秀吉、信長、家康、幕末前後。司馬遼太郎でも吉村昭でもいい。時代小説を読むと若い人は非常に勉強になる。あれを読むと今の時代なんかちょろいもんだよ。いかに甘いか。今の時代が」

この集会で、「目標になる言葉」を聞かれた小泉氏は、「自助と自立の精神」を挙げた。

小泉首相には、情感に訴える表現も多い。

靖国神社を首相として参拝すると発言したことについて野党側は批判の矛先を向けたが、小泉氏は国会で「戦没者に心から敬意を捧げる」と主張するばかりだった。集団的自衛権問題についても論理的というよりは、「感覚的に言っている」（辻元清美社民党政審会長）感が強い。

党首討論でも小泉氏は、改革の姿勢を声高に繰り返した。具体論で攻めようとする野党に対しては巧みに論点をずらしながら持論の首相公選制や郵政三事業民営化に話題を切り替えた。論議はかみあわず、「小泉流」の問題をえぐり出そうとする野党側の攻勢も空振りに終わる場面が少なくなかった。

鳩山由紀夫民主党代表の「聖域に手を突っ込もうとする首相の勇気には、むしろ背中を押してあげた

＊「明治初期、厳しい窮乏の中にあった長岡藩に、救援のための米百俵が届けられました。米百俵は、当座をしのぐために使ったのでは数日でなくなってしまいます。しかし、当時の指導者は、百俵を将来の千俵、万俵として活かすため、明日の人づくりのための学校設立資金に使いました。その結果、設立された国漢学校は、後に多くの人材を育て上げることとなったのです。今の痛みに耐えて明日を良くしようという『米百俵の精神』こそ、改革を進めようとする今日の我々に必要ではないでしょうか」（小泉首相の所信表明演説から。二〇〇一年五月七日）

い。もし志半ばで倒れたら民主党があなたの骨を拾ってあげる。ただ、途中でひるんでしまえば、あなたの首をとらなければならない」という言葉は、攻めあぐねる野党側の心象風景を浮き彫りにしている。

首相として初めてインターネットでメールマガジンを発行して国民に考え方を伝えるという試みも、言葉で野党を攻めたてようという小泉氏の真骨頂を示している。

かつて自分の言葉で語った宰相がいなかったわけではない。東京工大の芳賀綏名誉教授（政治文化論）は「中曽根康弘氏は語彙が豊富で、比喩、造語も巧みだ。ただ政治の玄人には理解されたが、その老かいさからか、国民には信用されない面があった。細川護熙氏のパフォーマンスは新鮮だったが、言葉にはパンチがない。小泉氏は元来、偏屈な一匹狼で在野攻撃型だったのに最高権力者になった。そこに新風があり、しかも精神的な若さを感じる」と指摘する。

「恐れず、ひるまず、とらわれず」を首相はまず、ハンセン病国家賠償請求訴訟の控訴断念でまず結実させた。「言語明瞭、意味不明」と言われた元首相竹下登とは正反対に言語も意味も明瞭な首相の登場は、言葉を武器にすべき政治の原点を久しぶりに思い起こさせることになった。

小泉純一郎氏の語録

一九八九年四月二一日

■「予算通過の最大の障害は中曽根さん（前首相）の証人喚問だ。首相経験者ならどういう状況か熟知しているはず。予算のため、党のため、国民のため進んで疑惑を晴らしたいというのが普通の政治家だと思う。これだけの状況なら党が証人喚問を拒否しても自分から進んで出てきたい、というのが普通の政治家。**中曽根さんはちょっとどうかしている**」（厚相としての記者会見で中曽根前首相を批判）

一九九一年六月二九日

■「選挙は手弁当でという風潮を作らない限り、いくら制度を変えても金のかかる政治は正せない」（政治改革関連法案をめぐる自民党総務会で）

一九九二年一二月一二日

■「官業と民業の問題がある。国は民間が採算をとれないところをやるべきで、郵便貯金は今の方向でいいとは思っていない。省益より国益優先でやっていく」（宮沢内閣の郵政相就任記者会見。波紋を広げる）

一九九三年七月一九日

■「即刻、きちんと退陣表明すべきだ。**今の政治家は出処進退をおろそかにしすぎる**」（衆院選で自民

党過半数割れした宮沢首相に対してテレビ朝日の報道番組で発言。翌日、郵政相辞任）

一九九五年九月二二日

■「吉田松陰に『かくすればかくなるものと知りながらやむにやまれぬ大和魂』という歌がある。負けは最初からわかっていたが、負けてもやらなきゃいけない戦いもある」（自民党総裁選で橋本龍太郎氏に大差で敗北後、記者会見で）

一九九六年六月三〇日

■「民間企業でできることを役所がやってもよいという政治家に役人を減らすことなどできるわけがない。郵政三事業の民営化の方針を打ち出さない行財政改革は、肥満で苦しんでいる糖尿病患者が食事制限もしない、運動もしないで、サウナに入って汗をかけば病気が治るという錯覚に陥るようなものだ。郵政事業の民営化、それは官僚王国日本の現体制を一度すべて解体し、出直すことにほかならないのだ」（著書『官僚王国解体論』）

一九九七年三月二八日

■「郵政三事業の民営化は将来必要であり、可能だ。（野党の新進党が郵政三事業民営化法案を提出した場合）私は賛成する」（衆院本会議の答弁、後に「閣内不一致」と批判を浴びる）

同年六月一〇日

■「介護保険法案は高齢者が対象なのだから、英語がわからない人の立場も考えないと。デイサービスを日帰り介護、ショートステイを短期滞在の介護と言えばお年よりは理解できる」（閣議後の

厚相記者会見で役所言葉のカタカナ語を見直す方針を明らかに）

同年七月二三日

■「外交常識があるのか。政府開発援助（ＯＤＡ）を総点検する必要がある」（アフリカ三カ国を訪問して帰国し成田空港で記者団に。ジンバブエで、予定していた大統領との会談が実現しなかったことについて）

同年一〇月一二日

■「郵政三事業の国営が維持されるならば、私が閣僚をやっている必要はない」（テレビの報道番組で。行政改革会議が中間報告で打ち出した郵政事業の一部民営化が最終報告で国営維持に変わった場合、厚相を辞任する考えを表明）

同年一一月一日

■「私が（首相に）なったら大変なことになるんじゃないか。だれもやり手がいない時でないと、『おまえやってくれ』とは言われないだろう」（上智大での講演）

一九九八年一月一四日

■「新しい省名は、できたら全省庁二文字で、その省の仕事が国民に理解できるように学者らの知恵を借りて日本語の良さを生かしたものにしてほしい。これは単なる思い付きで言っているのではない。『労働福祉省』という名を変えるべく断固たる決意で取り組む」（都内のホテルで開かれた「新体制の各省の名称を考える国民集会」で）

同年七月二三日

■「私が変わっているのか、自民党のほうが変わっているのか。私を変人とするなら、変革の人という意味の変人である」（自民党総裁選の立会演説会で）

二〇〇〇年九月二四日

■「私は最近、和して同ぜずという言葉が実感としてわかってきた。意見は違っても協力できる。森首相のもとで和して同ぜずで行く」（軽井沢での森派研修会で森派会長として）

同年一二月一一日

■「なぜこれだけ（山崎拓、加藤紘一、小泉純一郎の）ＹＫＫがもつか。ＹＫＫが『友情と打算の二重構造』だからだ。両方がうまく重なり合っているからこそ、しなやかで強靭《きょうじん》なんだ。将来（三人が）立場を同じくし、日本を動かす時代がくる」（「加藤政局」後の山崎氏のパーティで）

二〇〇一年二月九日

■「自民党の悪いところを一身にかぶって首相になったのが森さんだ。森さんを代えても自民党の政策や姿勢を正さない限り、自民党は変わらない。解党的出直しを断行するとの気構えで改革を断行すべきだ」（鹿児島市内での講演）

同年三月二九日

■「昨年おもしろいなあと思った川柳がある。『クリントンひとりの間に七総理』。なるほどな。今、森総理大臣で八五代目だ。明治二三年はじめて議会が開始されて約一二〇年。一二〇年の間に八五人、平均して二年持たないんですよ、日本の総理大臣は。これからの変転きわまりない二一世紀の情勢を考えると、やはり最高指導者は一定期間、国民の強い支持を受けて、指導力を発揮して、かなりの期間の戦略眼を持って政治をリードする必要がある。**首相公選を実現することが日本の政治構造を変える大きな転機になりうる**」（都内で開かれた「首相公選制の会」全国大会で講演）

同年四月六日

■「二度あることは三度あるかも知れない。男だから戦う時は戦わないといけない。負けを恐れて戦わないのはひきょうと言われる」（秋田県大曲市での講演、事実上の自民党総裁選立候補宣言）

同年四月一二日

■「派閥の弊害が目立っている。**『派閥あって党なし』**という状況を変えなければならない」（自民党総裁選の届け出後の記者会見）

同年五月七日

■「**構造改革なくして日本の再生と発展はない**という信念のもとで経済、財政、行政、社会、政治の分野における構造改革を進めることにより、『新世紀維新』とも言うべき改革を断行したい。痛みを恐れず、既得権益の壁にひるまず、過去の経験にとらわれず、**『恐れず、ひるまず、とらわれず』**の姿勢を貫き二一世紀にふさわしい経済・社会システムを確立していきたいと考えております。**聖域なき構造改革に取り組む改革断行内閣**を組織しました」（所信表明演説）

同年五月二七日

■「痛みに耐えてよく頑張った。感動した。おめでとう」(大相撲夏場所で優勝した貴乃花に表彰式で)

同年六月二一日

■「ある程度の痛みに耐えないと明るい展望が開けることはありえない。改革なくして(経済)成長なし。断固として改革に立ち向かいます」(経済財政諮問会議が『経済財政運営の基本方針』を正式決定後、記者団に)

同年七月八日

■「多くの有権者は小泉は支持するが、自民党を勝たせたら小泉の改革を自民党がつぶすのではないかと心配してくれている。そんなことはできません。『参院選で用は終わった、小泉の改革はつぶしてしまえ』自民党員がそんなことを考えたら、私自身が自民党をぶっつぶします」(大阪市内の遊説で)

同年七月一一日

■「国民感情として、亡くなるとすべて仏様になる。A級戦犯も現世で刑罰を受けている。死者をそれほど選別しなければならないのか」(靖国神社参拝について、七党党首討論会で)

〔2〕言語明瞭、意味不明

竹下　登　一九八八年（昭和六三）

八八年二月二二日の衆院予算委員会。

「時に、言語明瞭、意味不明などといわれますのも、慎重の上に慎重に言葉を選びすぎるからかなという反省をも致しておるところでございます。これはやはり国民のコンセンサスがなへんにあるかを見極めることでありますから、慎重の上にも慎重に対応していこうと思っております」

このころの最大の争点は、大型の間接税の導入問題だった。

首相竹下登（一九二四〜二〇〇〇）は、導入の言質をとろうとする野党の追及をのらりくらりとかわした。

「言語明瞭、意味不明」とは、竹下が蔵相のころから言われた言葉である。本音は隠し、落としどころを探る。調整型政治家の一端が、わかりにくい「竹下語」に現れている。

国会答弁だけではない。竹下は聞き上手で、相手にどんどんしゃべらせて相づちを打つが、それが必ずしも賛意とは限らない。「ずばりと言うと人を傷つけ、修復に時間がかかる。多少、意味がぼんやりしていても、そちらの方が合理的というのが首相の考え方」（首相周辺）とも言われた。

だが、一度決めたら明瞭だった。八八年七月二九日、臨時国会での所信表明演説。江戸時代中期の思想家、石田梅岩の言葉を引きつつ、

「公平で簡素な新しい税制を実現することが、現下の急務だ。いかなる困難があろうとも『若《も》し聞人《きくひと》なくば、たとひ辻立《つじたち》して成《なり》とも吾《わが》志を述《のべ》ん』との先哲の言葉を自らに言い聞かせつつ、この身命のすべてをささげ、全力を尽くす」と述べ、三％の消費税導入へ強い意欲を示した。

大平首相は一般消費税を掲げて挫折、「多段階、包括的、網羅的、普遍的で縦横十文字に投網をかけるようなことはしない」と言明した中曽根康弘首相は、売上税を提起して、大きな反発を買い、とん挫した。

竹下が消費税導入を実現できたのも、蔵相五期の経験と見識、自民党国会対策副委員長六期で培った与野党人脈があったからこそだろう。

消費税初日に直子夫人とネクタイを買う竹下首相（東京・日本橋の三越で、1989年4月1日）

竹下の死後に出版された回顧録『政治とは何か』で、竹下は消費税の実現について、「大平さんの執念が乗り移ったんだよ」と語り、「重大な決断をするときは、何を考えるか」との問いには、こう答えている。

「声が大きいのが世論だと思う。（話の）わからん人が、これは……と演説しているでしょ。僕は心の中で最大限軽蔑しているわね。軽蔑したような顔をしないで、ほんとうは軽蔑している。そして、それを聞いてあげる。ただ、自分が軽蔑しているようなところへ政策判断が行っちゃいかんと。無限の理想への追求が政治であるから、その現実との調和点をどこに求めるかと」

ただ、竹下政治のわかりにくさは、言葉だけではなかった。消費税で国会が大きな論議になっていた八八年秋、リクルート事件が拡大し、首相周辺の疑惑も発覚した。竹下が、退陣を表明した四月二五日の翌日、竹下の金庫番で同事件にも関与した青木伊平・元秘書が自殺した。九二年一一月二六日には、衆院予算委員会で東京佐川急便事件に関連して竹下は証人喚問された。党幹事長時代の皇民党事件などに関連して中野寛成氏（民社）は「竹下さんは無理をして政治の世界を歩んできた。その結果気配りの竹下、言語明瞭、意味不明瞭とか辛抱などという言葉が出てきたのではないか。政治的な体質の問題がある」と追及。これに竹下は、「私という人間の持つ体質が悲劇を生んでおる。これは私自身顧みて、罪万死に値するという風に思う」と答弁した。

「二〇年たったら竹下さん」といって首相への道を上り詰めた竹下は、首相退陣後も宇野、海部、宮沢、村山、橋本、小渕の各政権の樹立にかかわり、キングメーカーとして影響力を発揮し続けた。「竹下語」のわかりにくさが、かえって竹下の存在感を高めた面もある。「竹下詣で」は竹下の晩年まで続いた。竹下は、二〇世紀の自民党政治を体現した政治家であった。

意識の地殻変動が始まった

〔3〕山が動いた

土井たか子　一九八九年(平成元)

その夜、東京・有楽町のマリオン前は、身動きとれないほどの人で埋まった。八九年七月二三日、参院選最終日午後八時前。白いスーツの土井たか子社会党委員長(一九二八〜)が声を張り上げた。

「あちこちで今こそ政治を変えようというエネルギーが高まっている。山は動き始めた」

二三日夜、開票結果は、社会党が議席倍増の大躍進を遂げた。リクルート事件、消費税、農政批判の「三点セット」に宇野宗佑首相の女性問題が絡んだ選挙戦で、有権者は自民党に厳しい審判を下し、五五年体制で初めて参院で与野党が逆転した。「マドンナ旋風」と言われたほど女性の進出が目立ち、計二二人が当選(うち半数は社会党)した。土井委員長は記者会見で「山が動いてきたとの実感が票に現れた」と勝利宣言した。

山が動くの原典は、一一年(明治四四)九月、女性解放の思想家平塚らいてう女史ら女性による初の雑誌『青鞜《せいとう》』創刊号の巻頭に掲載された与謝野晶子の詩「そぞろごと」の冒頭部分にある。

山の動く日来《きた》る／かく云へども人われを信ぜじ／山は姑《しばら》く眠りしのみ／その昔に於て／山は皆火に燃えて動きしものを／されど、そは信ぜずともよし／人よ、ああ、唯これを信ぜよ／すべて眠りし女《をなご》今ぞ目覚めて動くなる

日本の女性運動史上、重い意味を持つこの詩は、脈々と生き続けた。八五年七月、ナイロビで開かれた世界女性会議に日本政府首席代表として出席した森山真弓外務政務次官(現・法相)は、この詩を紹介し、女性の地位向上を目指す努力が「眠れる山を揺り起こし、立ち上がらせた」と演説した。

土井さんが、この詩に親しんだのは大学の研究生時代からだ。「こうなったらやるっきゃない」と八六年九月に委員長に就任した時、書家金子鴎亭氏に頼んで詩を書いてもらい、議員会館の自室に掲げた。

憲政史上初の女性党首、政府・自民党の消費税構想に「ダメなものはダメ」と断固反対した姿勢、庶民的なキャラクター。それが共感を呼んだ。「街頭で政治意識の地殻変動を肌身に感じた。女性の怒りが堰《せき》を切るようにあふれ、『山が動いた』と言うにふさわしいと思った」と土井さん。

初代連合会長の山岸章氏は、「八九年、九〇年の社会党躍進は、労働戦線統一による連合(八九年一一月発足)の動きも大きかったが、土井さんの個人的な人気に負うところ大だった。政治家である以上ダメなものはダメなのは当たり前。今みたいな時代には、かえって新鮮だ」と指摘する。

それから一〇年、社会党(九六年に社民党)の勢力は衰退し、政界地図は変わった。

女性の国会議員は増え続けている。いまだに女性参政権が付与されて初の衆院選での三九人が最高記録だが、衆院選では九〇年に一二人、九三年に一四人、九六年に二三人、そして二〇〇〇年六月の総選

次々とつく当選のバラに笑顔の土井たか子社会党委員長
(1989年7月23日、社会党本部で)

挙で三五人。小泉内閣では初めて女性閣僚が五人になった。

土井さんは九三年八月、憲政史上初の女性衆院議長に就任。現在も社民党党首として政治の最前線にいる。自室には今も「山の動く日……」の書がある。同党の辻元清美政審会長がこう語った。

「私たちは土井さんの『山が動いた』を二〇代のころに感動して聞き、勇気と希望をもらった世代。土井さんに触発されて来てしまった国会は男性職場だから、すごく突っ張らなきゃいけないし、自分で道を作らなければと思う。二一世紀にも山が動いたということを自分たちの手でやらなければと思います」

〔4〕普通の国

小沢一郎　一九九三年（平成五）

一九九七年四月二八日、ニューヨークの有力民間シンクタンク「外交問題評議会」。ここで新進党の小沢一郎党首（一九四二〜）は「日本の民主主義革命と『普通の国』の論理」と題して講演した。

「戦後の民主化や経済復興を経て飽食の時代に入った今日の日本でも、特殊なムラ社会のルールが続いている。世界に通用するデモクラシーではない。私が普通の国になれというのは、世界の国々と共通のシステムを持つ国に、共通する意識を持つ国民にならなければならないということだ」

具体論は政治、経済改革、安全保障にわたり、「普通の国という言葉には国際社会、ことに先進国がたどった歴史の道のりが凝縮されている」と語った。講演を聞いた元外交官の米国人は「日本の政治家にしては珍しく論理がわかりやすかった」と評価した。

冷戦の終焉《しゅうえん》とともに幕を開けた九〇年代。リクルート事件を機に政治改革の機運が高まり、湾岸戦争後はＰＫＯ（国連平和維持活動）など国際貢献の在り方も大きな論議になった。

小沢氏は自民党時代の九三年五月に著した『日本改造計画』で普通の国になれと主張、その要件の一つとして「国際社会で当然とされていることを当然のこととして自らの責任で行う」点を挙げた。小沢氏の目に現実の日本は「安全保障となるとにわかに憲法や法制度を口実にしたひとりよがりの理屈がまかり通り、国際協調の責任と役割を回避しようとする」と映り、いきおい「普通の国」論は安全保障、国際貢献の側面が強調された。

異を唱えたのが、小沢氏とともに細川内閣を作り、後にたもとを分かった武村正義新党さきがけ代表だ。九四年一月、『小さくともキラリと光る国・日本』を上梓《じょうし》した当時を、武村氏はこう振り返る。

「小沢氏の改革の姿勢はいい。ただ、日本は戦争に敗れ二度と軍事力を持つまいと誓った。憲法が押しつけられたのは事実だが、普通の国ではないと宣言したわけだからそれを捨てて再出発、では軽すぎる。PKOやPKFには消極的だが環境問題ではずば抜けて光る日本にしたいと思った」

新進党の第2代党首に就任した小沢一郎氏(左端)。中央は海部・前党首、右は羽田元首相(1995年12月28日の新進党衆参両院議員総会)

小沢氏は、細川政権で政権交代を実現した後、新進党、自由党を率い、政界再編の渦中を疾走した。野党から自民党との連立、さらに離反と行動も揺れた。小沢氏の政策論には共鳴しながらも、多くの議員が離れた。その意味では失敗の連続だった。

国連職員から公明党衆院議員となり、新進党を経て現在は自由党の東祥三外交・国防部会長が言う。

「党首の主張を実現しようと思えば今の制度は壊れる。党首から離れていった方々は、転換期の認識、本当に改革をやろうという覚悟が、結局、一致していなかったのではないか」

近年、日本はＰＫＯの経験を積み、新日米ガイドライン法が成立、国内でも行革による首相権限の強化、政治主導を目指した政府委員の廃止など小沢氏が唱えた改革が、徐々にではあるが実現しつつある。北岡伸一東大教授は、二〇〇〇年七月に上梓した『「普通の国」へ』の中で、こうした政治の流れを「普通の国」化の進行と指摘している。

小沢氏自身は今、日本が普通の国に近づいていると考えているのか。

「国民の意識の流れも政治の実態もその方向にある。ただ、旧来の認識ではだめだと思う一方、何とか今まで通りうまくやりたいという考え方がある。ここ数年で改革の社会を作りあげる方向に行くのか、現体制のまま泥沼に落ちるのか、岐路に立っている」（二〇〇〇年一二月一三日の記者会見）

「普通の国」は、当分政治テーマの一つであり続けるに違いない。

政権交代　その実現と挫折

〔5〕責任ある変革

細川護熙　一九九三年（平成五）

九四年二月三日午前零時五一分、首相官邸の記者会見室。突然、細川護熙《もりひろ》首相（一九三八～）の記者会見が始まった。

「消費税を廃止し、税率七％の国民福祉税を創設する」

減税財源として首相が深夜突然打ち出した大胆な構想に記者団は驚いた。

会見前の政府・与党首脳会議で社会党は「同意しかねる。政権離脱も辞さない」（村山富市委員長）と強く反発し、これを押し切っての会見だった。

連立与党は大揺れに揺れる。武村正義官房長官も「過ちは改めるにしかず」と首相に促した。五日後、首相は記者会見で、「（与党内に）手続きが不透明で密室的、性急過ぎたとの議論が多かった」と述べ、あっけなく「国民福祉税構想」を撤回した。八党・会派を束ねた細川連立政権のもろさを象徴する出来事だった。

細川氏は、旧熊本藩主細川家の一八代当主で、母方の祖父は戦前首相を務めた近衛文麿。最年少で参院議員に当選し、田中派に属した。熊本県知事に転身し、二期八年の地方自治の経験を踏まえて九二年五月、「日本新党」を旗揚げした。

「既成政党は、与野党ともに内外情勢の激変に対処する意志と能力を失ったまま、集権的官僚システムに寄生してひたすら利権を求め、政治改革のかけ声を繰り返しているに過ぎない」「保革対立構造を超える第三の道、新しい政治理念と広い国際的視野、清新なリーダーシップをもった新しい政治集団の結成以外には最早《もはや》残された道はない」(『文藝春秋』一九九二年六月号)との主張は、政治不信に陥った国民の気持ちをとらえ、大きなブームを呼んだ。

九三年七月の衆院選で日本新党の公認候補三五人が当選、細川氏は新生党代表幹事の小沢一郎氏らに担がれて首相に就く。八月に発足した、非自民の七党(社会、新生、公明、日本新党、民社、新党さきがけ、社民連)・一会派(参院の民主改革連合)による新内閣のキャッチフレーズが「責任ある変革」だった。

細川政権は高い世論の支持を得ながらも、基本政策について社会党と他党の間に大きなミゾがあり「ガラス細工」のようなもろさを内包していた。また、小沢氏と公明党書記長市川雄一氏のいわゆる「一・一ライン」と、新党さきがけの武村氏との政治戦略の違いが次第に表面化していた。政権崩壊への引き金を引いたのが、「国民福祉税構想」である。

細川氏自身は九八年七月、東大法学部の蒲島郁夫教授のゼミ生たちのインタビューでこう振り返っている。

「党の方に任せていた話が、代表者会議並びに税に関する協議会でばたばたと決まって、私が国民福祉税という名前を聞いたのは数時間前だと思います。七％という率についてもほとんど直前だった。いかに何でもこれはひどいんじゃないかと思ったが、あまり押し問答している時間もないままに、とにかく今日中に記者会見をしなければ間に合わんということで夜中にやったわけです」（『「新党」全記録』）

「国民福祉税構想」は、細川氏が小沢氏や大蔵省の主張を重んじて強引に政権運営のカジを切ろうとした〝事件〟とも言える。

就任後初の記者会見でペンを使って質問者を指名する細川首相。首相が立ったままで記者会見するのは初めてだった（1993年8月10日）

小沢氏のインタビュー録には「政府・与党内で様々な議論を積み重ねた末に七％の国民福祉税に落ち着いたというのが真相なんです。あのころ社会党は相変わらず『消費税廃止』『消費税率引き上げ反対』と主張していました。それならしようがない。消費税は廃止して国民福祉税を創設しましょう。税率も僕は一〇パーセント論者だけど、七パーセントに譲りましょう、となった。

ところが、久保(亘・書記長＝当時)さんが党にはかったら、七パーセントはおろか国民福祉税も党としてはまとめきれない、という。それはわかったけど、一応、政府の考えは考えとして発表したいと。そうしたら久保さんも、政府の考えとしてやることは一応、仕方ないという話になった。手続き的には何もおかしくないんです。武村さんは知らなかったと言っていたけど、大蔵省がどの程度説明したのか僕は知らない。だって武村さんは会見で全部しゃべっちゃうから(笑)」(九六年『語る』)とある。

武村氏は、こう述懐する。

「小沢さんとは最初月一度ぐらい部屋にいって話をしたが、尋ねればはっきり言う人、尋ねないと語らない人。難しい人でした。細川さんというトップをはさんで違和感があった。細川さんは最初はこっちについていていたが、最後は小沢さんのほうに行った」

細川氏は、国民福祉税構想の挫折後、内閣改造も断行できず、最後は東京佐川急便からの一億円借り入れ問題による国会空転の責任をとる形で退陣を表明(九四年四月八日)した。

細川政権は衆院選挙制度の改革を断行し、コメの部分開放も決断するなど、実績を残した。だが、寄り合い所帯の政権は安定感を欠き、かえって国民の政治不信を助長した感は否めない。その意味で「責任ある変革」は看板倒れとなった。非自民だけで結びついた連立政治の限界でもあった。

歴史的な政策転換

〔6〕自衛隊は、憲法の認めるものであると認識する

村山富市　一九九四年(平成六)

「よくお聞きいただきたいと思います」

一九九四年七月二〇日、衆院本会議。羽田孜・前首相の代表質問の答弁で、社会党の委員長、村山富市首相(一九二四〜)はこう前置きしてから口を開いた。

「私としては専守防衛に徹し、自衛のための必要最小限の実力組織である自衛隊は、憲法の認めるものであると認識するものであります」

議場から大きな喚声があがり、とくに自民党席からは拍手がわき起こった。社会党席では黙って腕を組む議員、顔をしかめる議員……。半世紀に近くにわたって自衛隊を違憲としてきた社会党が合憲論に変わった瞬間だった。村山氏は日米安保体制を堅持し、日の丸・君が代も国旗・国歌として容認するという政策の大転換を首相就任を機に一気に実現してしまった。

社会党は日米安保を破棄し、自衛隊を解体することを軸とする「非武装中立」を掲げて、政府・自民党に対抗してきた。石橋政嗣・元委員長は、政権奪還後、すぐに自衛隊を解体して安保条約を破棄できる

か、と疑問を持ち、自衛隊を国民警察隊と改め、「平和中立外交の進展度」など最低四つの条件を勘案しながら漸減することなどを柱とした「石橋構想」を六六年に明らかにした。さらに石橋氏は、委員長時代の八四年、自衛隊は違憲ながら国会の決定に基づいて法的に存在しているという「違憲法的存在論」を打ち出した。その後、現実を見据えての議論もなかったわけではないが、基本的には、その壁は細川内閣でも破れなかった。社会党閣僚は、閣僚の一員としては政府の合憲論に従い、党員としては違憲論を唱えるという極めてわかりにくい論理をとらざるを得なかった。

政権についたとたん、なぜ一変したのか。

村山氏自身は、社会党委員長が自衛隊の最高責任者である首相になった以上、細川内閣時代のようなあいまいな対応では済まされない、自衛隊の違憲、合憲については党内論議も重ねており、「これはいい機会かもしれないと踏み切った」(『そうじゃのう』)と言う。また、官房長官だった五十嵐広三氏は、村山氏が基本政策の転換に踏み切ったのは、就任早々、ナポリ・サミットの際に行われたクリントン大統領との日米首脳会談(七月八日)だったと指摘し、「このとき、国民・国家に最高の責任を持つ『首相』の地位というあまりにも重い実感が村山富市さんのすべてを支配したに違いありません」(『官邸の螺旋階段』)と書いている。

村山政権は、社会党が主体的に政権を奪還したわけではなく、民意に基づく政権でもなかった。細川、羽田政権で新生党の小沢一郎代表幹事に煮え湯を飲まされたことに対する社会党と新党さきがけの反発、自民党の政権復帰への執念が一致した結果の産物であった。

自衛隊観艦式で観閲する村山首相（中央）（護衛艦「しらね」で、1994年10月16日）

社会党側にも準備がなかった。「万年野党」の座に安住していた社会党にとって、「非武装中立」の理想と日米同盟関係という現実の間に橋を渡すだけの政策を持ち合わせていなかった。

そんな中で政策を大転換して政権運営に取り組んだ村山氏の判断は評価されていいし、そうせざるを得なかった面も大きかった。社会党はこれを一〇か月後の臨時大会で「九五宣言」として追認するが、村山氏の決断がなければ転換できたかどうかは疑問である。

だが、政権についたとたんに基本政策を変えてしまう社会党とは何なのか、という思いを国民は抱かざるを得なかった。東京国際大学の原彬久教授（国際政治学）は、「政治における真の理想主義はどこかで現実主義と重なる部分を持っている。したたかな現実と戦い、改心させるような強じんな体力としなやかな戦略が必要だ。だが、社会党が理想とする非武装中立は、あまりにも現実からかけ離れ、しかも論理的にぜい弱だった。政策の大転換は社会党の凋落を止めるどころか、倒壊の決定的な一撃になった」と指摘する。

その一方で、村山政権は、被爆者援護法の制定、水俣病の未認定患者問題の解決、従軍慰安婦基金創設など、社会党の首相でなければとてもできなかったいくつかの政策を実現した。

戦後五〇年の節目となった一九九五年の八月一五日に出した「村山談話」は、その代表格だ。植民地支配と侵略行為に反省と謝罪の意を表明したもので、政権の枠組みが変わった今でもアジア外交を進めるうえで依拠する基本の言葉となっている＊。

村山氏は九六年一月、退陣を表明。その月の党大会で社会党は社民党に党名を変更した。その後、鳩山由紀夫、菅直人両氏が主導する民主党に多くの議員が参加して分裂、同年一〇月の衆院選では改選前の半数（一五議席）の勢力となるなど、厳しい状況が続いている。

＊ 一九九五年、終戦記念日の村山首相談話の全文は次の通り。

先の大戦が終わりを告げてから、五〇年の歳月が流れました。今、あらためて、あの戦争によって犠牲となられた内外の多くの人々に思いをはせるとき、万感胸に迫るものがあります。

敗戦後、日本は、あの焼け野原から、幾多の困難を乗り越えて、今日の平和と繁栄を築いてまいりました。このことは私たちの誇りであり、そのために注がれた国民の皆さま一人一人の英知とたゆみない努力に、私は心から敬意の念を表すものであります。ここに至るまで、米国をはじめ、世界の国々から寄せられた支援と協力に対し、あらためて深甚《しんじん》な謝意を表明いたします。また、アジア太平洋近隣諸国、米国、さらには欧州諸国との間に今日のような友好関係を築き上げるに至ったことを、心から喜びたいと思います。

平和で豊かな日本となった今日、私たちはややもすればこの平和の尊さ、有り難さを忘れがちになります。私たちは過去のあやまちを二度と繰り返すことのないよう、戦争の悲惨さを若い世代に語り伝えていかなければなりません。特に近隣諸国の人々と手を携えて、アジア太平洋地域ひいては世界の平和を確かなものとしていくためには、なによりも、これらの諸国との間に深い理解と信頼にもとづいた関係を培っていくことが不可欠と考えます。政府は、この考えにもとづき、特に近現代における日本と近隣アジア諸国との関係にかかわる歴史研究を支援し、各国との交流の飛躍的な拡大をはかるために、この二つを柱とした平和友好交流事業を展開しております。また、現在取り組んでいる戦後処理問題についても、わが国とこれらの国々との信頼関係を一層強化するため、私は、引き続き誠実に対応してまいります。

いま、戦後五〇周年の節目に当たり、われわれが銘記すべきことは、来し方を訪ねて歴史の教訓に学び、未来を望んで、人類社会の平和と繁栄への道を誤らないことであります。

わが国は、遠くない過去の一時期、国策を誤り、戦争への道を歩んで国民を存亡の危機に陥れ、植民地支配と侵略によって、多くの国々、とりわけアジア諸国の人々に対して多大の損害と苦痛を与えました。私は、未来に過ち無からしめんとするが故に、疑うべくもないこの歴史の事実を謙虚に受け止め、ここにあらためて痛切な反省の意を表し、心からのおわびの気持ちを表明いたします。また、この歴史がもたらした内外すべての犠牲者に深い哀悼の念をささげます。

敗戦の日から五〇周年を迎えた今日、わが国は、深い反省に立ち、独善的なナショナリズムを排し、責任ある国際社会の一員として国際協調を促進し、それを通じて、平和の理念と民主主義とをおし広めていかなければなりません。同時に、わが国は、唯一の被爆国としての体験を踏まえて、核兵器の究極の廃絶を目指し、核不拡散体制の強化など、国際的な軍縮を積極的に推進していくことが肝要であります。これこそ、過去に対するつぐないとなり、犠牲となられた方々の御霊を鎮めるゆえんとなると、私は信じております。

「杖《よ》るは信に如《し》くは莫《な》し」と申します。この記念すべき時に当たり、信義を施政の根幹とすることを内外に表明し、私の誓いの言葉といたします。

（「杖るは信に如くは莫し」とは、頼りとするものとしては、信義に勝るものはないという意味。出典は中国の古典「春秋左氏伝」）

〔7〕凡人、軍人、変人の争い

田中真紀子　一九九八年(平成一〇)

田中真紀子衆院議員(一九四四〜)は、九八年七月の自民党総裁選で、候補の小渕恵三、梶山静六、小泉純一郎の三候補を「凡人、軍人、変人の争い」と表現した。テレビで運ばれたこの言葉は、またたく間に国民に浸透し、その年の日本新語・流行語大賞を受賞した。小渕外相は人柄が売り物でこれといった特徴がないので「凡人」、梶山前官房長官は陸軍士官学校出身で武闘派だから「軍人」、小泉氏は自民党で支持を得にくい郵政事業民営化を掲げて立候補するなどユニークな言動が目立ったから「変人」ということなのだろう。

それから二年一〇か月後の自民党総裁選でこの「変人」が「変革の人」(小泉氏)として大ブレイクする。二〇〇一年四月一二日、自民党本部で行われた小泉純一郎・元厚相の総裁選出陣式。推薦人の一人、田中議員はこうあいさつした。

「角福(田中角栄、福田赳夫の確執)の恩讐を超えて小泉さんの応援をさせていただいた。この先生には強さとしなやかさがある。感性がある。私は『変人』の生みの母なので、しっかり健康優良児に育てる」

絶叫調の演説スタイルは父親の田中角栄元首相譲りだ。人心を掌握し派閥の領袖《りょうしゅう》として君臨した父親と一匹オオカミ的な娘。国民に人気がある点は同じだが、醸し出される雰囲気はまったく違う。娘の場合、とくに〝敵〟に対する攻撃の激しさが目立つ。内に棘を秘めたような言葉遣いは極めて鮮烈だ。四月一五日、小泉氏とともに渋谷駅頭で一万人を集めた際の総裁選街頭演説。

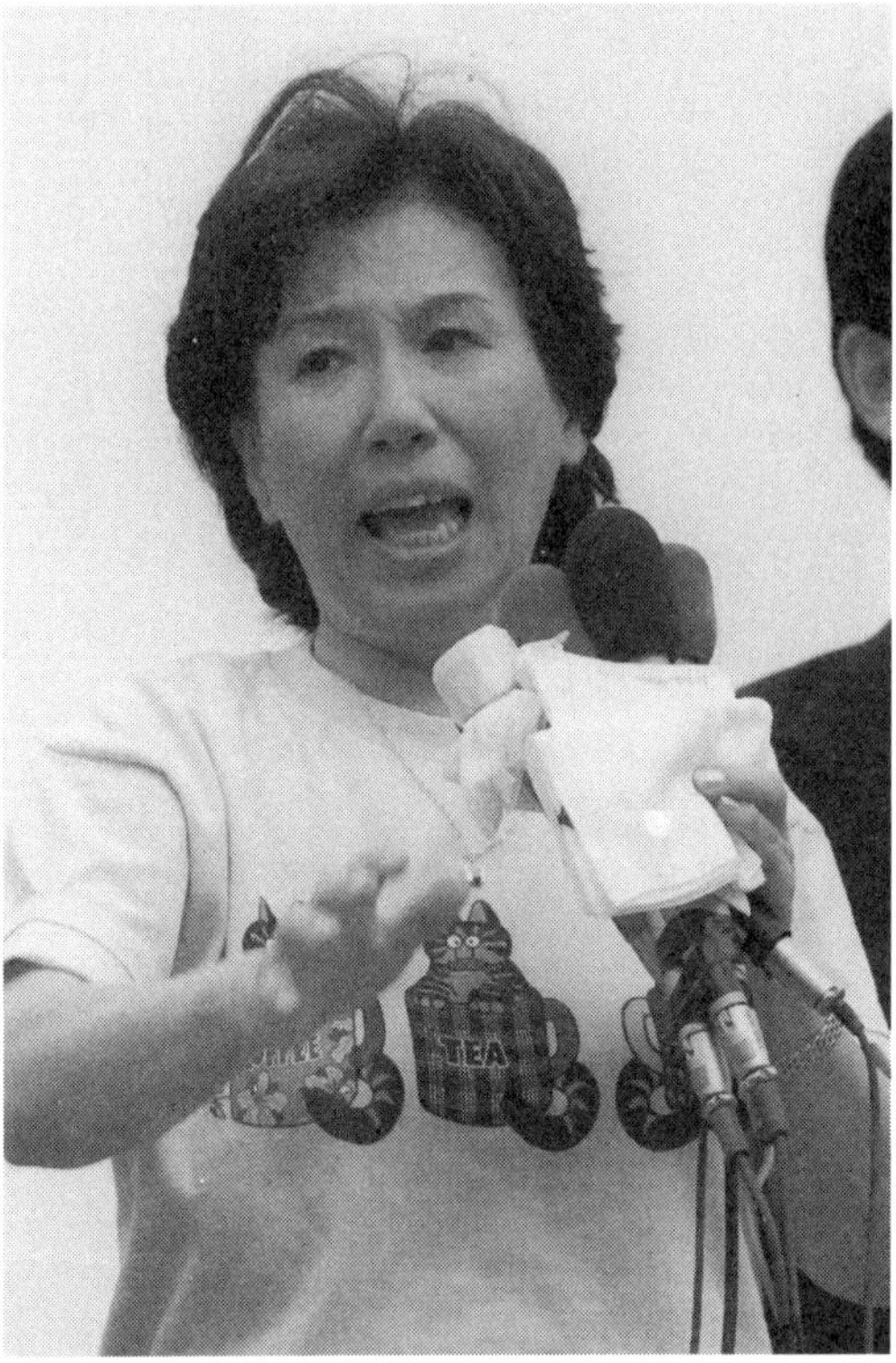

都議選で街頭演説する田中外相（西東京市で、2001年6月23日）

「政治が皆さんの声を吸い上げず、滅びる寸前まできているじゃないですか。それなのにまだつまらないのが出てきて（麻生）太郎だの、（橋本）龍太郎だの、静かでもないのに（亀井）静香だの……少なくとも頭にポマードを塗っているあのお兄ちゃんかおじちゃんか、あの人には断じてチャンスをあげるわけにいかないですよ」

言葉の調子の良さが時として失言を生み、政治家としての品位にもかかわりかねない問題にまで発展する。演説はこう続き、自民党内で問題になった。いわゆる「お陀仏さん」発言である。

「一年間に一〇〇兆円も借金を増やして小渕の恵三という人は日本一の借金王だと言って、株を持ち上げたらころっと死んだじゃないですか。あれをお陀仏さんというんです」

小泉氏は、こんな応援もあって、橋本、亀井、麻生の三候補に圧勝した。

四月二六日、小泉氏は女性、若手、民間人を大幅に起用して組閣したが、「驚天動地」(小泉首相)の人事だったのは、わずか当選三回で無派閥の田中外相が誕生したことだった。

田中外相は、就任以来、外務省に旋風を巻き起こした。外務省の室長による機密費流用事件を機に徹底的な外務省改革に乗り出す姿勢は国民の大きな期待と共感を呼んだ。

やはり言葉が激しかった。「(外務官僚から)公務員法を知っているのかと脅かされた。言っても部屋から出ていかず、恫喝された」「外務省は伏魔殿《ふくまでん》のようなところ」と、記者会見では、官僚を「悪役」に仕立てる発言を繰り返した。国会でも外務次官や官房長を名指しで批判するなど、「官僚と戦う外相」のイメージを作りあげた。

その一方で、外相の言葉は混乱も招いた。就任早々米国のアーミテージ国務副長官との会談をキャンセルした時は、「緊急の用事が入っていた」→「総裁選で精も根も尽きた極限の状態で、(外相という)要職をいただいた。心身ともにパニックになっていた」→「役所の中がパニックだった」と、その理由が次から次へと変わった。野党議員から、「虚言癖」とまで決めつけられるひと幕も。

二〇〇一年の通常国会の会期中には、田中外相が、①中国外相に、李登輝・台湾前総統へのビザ発給を今後は認めないと述べた②豪、伊外相に対し、米国のミサイル防衛構想を批判した③独外相に日米安保体制への疑義を述べた――などが報道で明らかになった。だが、外相は自分の発言を一切否定し、従来の政府方針通りの発言に終始した。一方で、与野党が要求する会議録の公表には頑として応じない。新鮮な田中外交を期待した人々にとっても消化不良が続いているに違いない。

田中外相は外務官僚に「人間には三種類ある。家族と使用人と敵だ」と語り、自分への忠誠を求めたともいう。外相らしい言い方だが、衆院外務委員会で問われると外相は「ねつ造だ。初めて聞いた」とこれも一切否定した。

言葉を武器とする政治家が、自らの言葉の否定に回らざるを得ないという光景はある意味で滑稽《こっけい》だ。速射砲のように言葉は出るが、時として品位を疑わせる言葉が飛び出すのも言葉を軽く見ているからかもしれない。言葉が外相への信頼感を損ね、外交の停滞が表面化している。国会にかけられた条約三件の承認が先送りになったのもその一端だ。

「茶飲み話の感覚で外交をやってはいけない。日本国や日本人に対する不信感となったら経済にも影響する」（小沢一郎自由党党首）という指摘はもっともである。

〔8〕ブッチホン

小渕恵三　一九九九年（平成一一）

二〇〇〇年一月五日、午前七時一六分過ぎ。日本テレビの「ズームイン!!朝！」のスタジオに緊張感がみなぎった。生番組に首相小渕恵三（一九三七～二〇〇〇）が、「橋本五郎キャスターと話がしたい」と電話をかけてきたからだ。電話を受け取ったディレクターが紙に書いて連絡、仰天した福沢朗アナウンサーは、急きょ予定を変更、首相と橋本キャスターのやりとりを伝え始めた。

小渕は「有名なブッチホンです。明けましておめでとうございます」と言いながら、「経済をただ再生するのではなく、二一世紀に向けて新しいプロジェクトをやっていきたい」としっかり小渕政権をＰＲしていた。

首相が報道番組に直接電話をかけるというのは前代未聞だ。「ブッチホン」とは、首相が秘書官を通さず、自分で与野党の議員、一般の国民に電話をかけることから生まれた言葉である。首相自身が命名したわけではないが、九九年の日本新語・流行語大賞にも選ばれたほど国民にも親しまれていた。視聴者はそれを番組で〝体験〟したことになる。

一国の宰相らしからぬ軽い言動。こんな言葉もあった。

首相就任後まもない九八年九月一八日、金融再生関連法案修正をめぐる与野党協議が決着したことの感想を求められた時のことだ。

「ボキャ貧だからな、おれは。ボキャブラリーが貧困だから、いい言葉がなかなか出てこない。お疲れさまの一言だ」

同年秋に栃木県高根沢町で農業技術センターなどを視察した際、野菜の直売所では、カブを両手で持ち上げ「株上がれ」としゃれを交えたパフォーマンスを披露、笑いを誘った。

自己を卑下することをいとわないのが「小渕流」でもあった。それによって選択の幅は広がる。金融危機を乗り越えるために野党の政策を「丸の

総裁選を前に米紙に「冷めたピザ」と酷評された小渕外相。
待機中の記者団に「温かいピザ」を差し入れてニヤニヤ
（東京都北区の自宅前で　1998年7月18日）

み」した。自民党と敵対していた自由党（小沢一郎党首）とも連立を組んだ。

九九年六月一七日、「国会会期延長について官房長官と対立しているのでは」と記者団に尋ねられた時、「おれは真空総理だから対立することはないんだ。考え方がないんだから対立はないんだ。無なんだ。空なんだ」と答えて、記者団を驚かせた。

中曽根康弘元首相は、月刊誌『文藝春秋』の九九年一月号で、小渕が柔軟で私や我がなく、あらゆる政策を受け入れることができるという意味で「真空総理」であると指摘した。小渕はこれを逆手にとって記者団を煙に巻いたものだった。

だが、小渕内閣は、日米防衛協力の指針（ガイドライン）関連法、中央省庁改革関連法、情報公開法、国旗・国歌法など次々と成立させた。小沢氏が求めた国会での党首討論を実現し、政府委員制度を廃止した。内閣支持率は徐々に上がっていった。自民党だけではたち行かない国会の現実を前に、公明党とも連立を組んで政権を安定させることにも心血を注いだ。

小渕は講演などで「やるじゃない　やりすぎじゃない　小渕さん」という川柳をしばしば引用した。連立の維持と自民党内の調整、度重なる自由党の連立離脱問題は大きな心の負担になっていた。

二〇〇〇年四月二日、小渕は首相公邸で倒れて急きょ入院。五月一四日に意識の回復しないまま、死去した。脳梗塞だった。戦後、首相在任中に病気で倒れたのは、石橋湛山、池田勇人、大平正芳に続いて四人目だった。

入院中、多くの国民から励ましの便りが寄せられた。小渕が二〇〇〇年七月のサミット（主要国首脳会議）の開催地として決断した沖縄からは一万羽の折り鶴とともに琉球音楽のＣＤが届き、集中治療室で流された。これも、小渕流の政治を国民が身近に感じたことの証左だろう。

テレビスタジオだけではなく、何度か「ブッチホン」を受けた橋本氏は今、「熱狂的な小泉人気と違い、小渕さんの場合は、いつの間にか心に入り込み、次第に沈殿していくようだった」と語る。

妻の千鶴子さんが、『文藝春秋』二〇〇〇年七月号に寄せた手記（「夫・小渕恵三『病室』の真実」）にこうあった。

「主人は、一日の仕事を終え、寄せられたメールを見るのを何よりの楽しみにしていました。メールをくれるのは一三、四歳の子どもたちが多かったようです。これほどまでに子どもたちに愛され、励まされた首相がいたでしょうか。それを思うと、主人は幸福な政治家だったのかもしれません」

第二章　議会政治の始まり

「板垣死すとも自由は死せず」――一八八二年(明治一五)四月六日、自由党総理(党首)板垣退助が岐阜で遊説中、凶漢に襲われた際のこの言葉は、自由民権思想を代表するものとして有名だ。事件を伝える読売新聞には「板垣は死すとも、自由の精神は死なぬぞ」と叱ったとあり、実際に板垣がどう語ったかは定かではないが、この事件を機に自由民権運動は勢いを増した。政談演説会が各地で盛んに催された。明治維新で二〇〇年を超える鎖国に終止符を打った日本に欧米の新しい息吹は容赦なく押し寄せてきた。政治の場における言論の興隆は、こうした時代背景を抜きには考えられない。

アジアで初めて開設された議会である帝国議会が召集されたのは一八九〇年一一月二五日。政治言論の舞台は議会に移った。その四年後に日清戦争、一九〇四年には日露戦争がぼっ発した。政府が富国強兵、殖産興業と近代化を推し進める中、民衆の政治意識は米騒動や憲政擁護運動といった形で高まり、藩閥政治を揺るがせた。

欧州の民主主義、社会主義の思潮がもたらした「大正デモクラシー」は、日本に普選運動、労働運動、婦人解放運動など様々な変化をもたらした。日本初のメーデーは、本格的政党内閣である原内閣時代の一九二〇年(大正九年)に行われている。

演説をレコードに吹き込んで選挙に使う政治家も現れた。「雄弁」であることは、政治家の条件でもあった。

〔1〕亡国に至るを知らざれば即ち亡国なり

田中正造　一九〇一年(明治三四)

栃木県足尾町にかつて栄えた足尾銅山。その周辺の山々は今も草木が育たず、表土むき出しで、荒涼とした光景が公害のすさまじさを今日に伝えている。

一九〇一年三月二三日、無所属の衆院議員田中正造(一八四一～一九一三)は国会最後の演説に立ち、「亡国に至るを知らざれば即ち亡国なりという質問を致しますが」と語り始めた。田中は、鉱毒を放置するのは国を滅ぼす行為と質問書などで何度も追及してきたが、政府は「質問は要領を得ず」とかわすばかりだった。

この日の演説は、「少数の人間が幸福を占有し、乱暴狼藉《ろうぜき》に人の財産を打倒し、政府がほとんど結託し……」と、銅山と政府の癒着を激しく糾弾。大日本帝国憲法二七条の国民の所有権不可侵などを論拠に「憲法は国民四千万同胞が共有すべきものであるけれども、悪人にはその所有権がない。鉱毒地方は無罪の人間が毒のために殺されている……」と迫った。だが、政府側は答弁すらしなかった。

田中は失望した。この年一〇月に議員を辞職、一二月に、騎兵隊に護衛された明治天皇の馬車に「お願いがございます」と叫びながら駆け寄り、直訴に及ぶ。

何が田中をここまで駆り立てたのか。

産銅業、とくに全国最大の足尾銅山は富国強兵・殖産興業を掲げる政府にとって極めて重要だった。その反面、精錬所から渡良瀬川に有毒な廃液が流れ、煙害で草木は枯れた。山は保水力を失い洪水が頻発。広大な農地汚染と住民の健康問題を生んだ。

一八九〇年に鉱毒は社会問題化した。しかし、銅山経営者古河市兵衛《ふるかわいちべい》と政財界との関係は深く、政府は有効な手を打たなかった。

水害被害の状況を図に描く田中正造氏
(1910年8月、栃木県藤岡町で＝田中正造大学所蔵)

一九〇〇年二月一三日、被害に耐えかねた二千人以上の農民が歩いて上京する請願行動「押し出し」を決行した。警官と憲兵は、これを群馬県明和村川俣で阻止し流血の惨事になった(川俣事件)。

田中は怒った。直ちに「亡国に至るを知らざれば、これ即《すなわ》ち亡国の儀につき質問書」を国会へ提出、「民を殺すは国家を殺すなり。

法を蔑《ないがし》ろにするは国家を蔑ろするなり」と激しく責任を追及した。「田中は、民衆主体という国家観を、当時はもちろん、おそらく現在の政治家以上に強く抱いていた。川俣事件とそれに至る民衆弾圧は、田中にとって亡国以外の何ものでもなかった」（小西徳応・明大助教授）。

足尾鉱毒事件は、日本の公害問題の原点とされる。

六七年、国会で公害対策基本法（現在は環境基本法）案が審議された際、社会党の河上民雄衆院議員は、産業公害対策特別委員会で田中への当時の政府回答を引用し、「水俣問題などに対する今の政府の姿勢は、まったく変わらない。八〇年の歴史の針が止まっている」と述べ、政府は産業偏重だと批判した。

田中の思想的影響は小さくない。田中は晩年、「物質万能主義はだめで、人間の精神的な発達が伴わなければ滅びるとする、自然共存の思想やそれに基づく治水論を深めた」（由井正臣・早大教授）。

北海道で現在の雪印乳業を興した黒沢酉蔵《とりぞう》も一七歳の時に田中の運動に加わり、田中の思想を自分の事業に生かしたという。

田中の悲願の一つだった鉱業停止は七三年の採掘停止、八九年の精錬部門撤退でようやく現実のものとなる。田中の生家がある栃木県佐野市には「田中正造大学」という市民研究グループがあり、「真の文明は山を荒らさず川を荒らさず村を破らず人を殺さざるべし」といった田中の言葉を実践しようと緑化運動にも取り組んでいる。

“憲政の神様”の言論の力

〔2〕玉座をもって胸壁となし、詔勅をもって弾丸に代へて政敵を倒さんとするものではないか

尾崎行雄　一九一三年（大正二）

一政治家の言葉が肺腑《はいふ》を衝《つ》き、内閣の死命を左右することがある。

一九一三年（大正二）二月五日、第三〇回帝国議会の衆院本会議。立憲政友会院内総務・尾崎行雄（一八五八〜一九五四）は、第三次桂太郎内閣の不信任決議案の趣旨説明で、「玉座《ぎょくざ》をもって胸壁となし……」という、議会政治史に残る名演説を行った。

玉座とは天皇の座るイスのこと。つまり、天皇の権威を胸壁（砦《とりで》の意）のように使い、天皇の文書である詔勅《しょうちょく》を弾丸のように出して政治を動かそうとする桂内閣を糾弾したものだ。

この前年の一二月、軍備拡張を目指す山県有朋など藩閥勢力や軍部は、第二次西園寺公望内閣を総辞職に追い込み、内大臣で侍従長でもあった桂を三度目の首相に据えた。こうした藩閥・軍部の横暴に対し政党人、言論人らが一斉に反発、これが、大衆を幅広く巻き込み、「第一次憲政擁護運動」に発展した。

その先頭に立ったのが尾崎と立憲国民党の犬養毅だ。それ以来、二人は「憲政二柱の神様」と称され

る。

今でもよく使う「憲政の常道」という言葉が生まれたのは、政党内閣を基本とする立憲政治を樹立しようというこの運動からである。

尾崎の衆院での演説は原稿も見ずに、約二〇分間続いた。激しさを極めた。「彼ら（＝桂など藩閥勢力）は常に口を開けばすぐに忠愛を唱え、あたかも忠君愛国は自分の一手専売のごとく唱えているが、そのなすところを見れば、常に玉座の陰に隠れて政敵を狙撃するがごとき挙動をとっている*」。

翌日の読売新聞には「近ごろ希有《けう》の快弁で、大向こうの傍聴人をうならせ、桂公を実に完膚なきに至らしめた。（尾崎は）肉をえぐり、骨を刺さざればやまぬ癖がある」とある。

桂内閣は、この六日後に総辞職し、わずか五二日の短命で幕を閉じた。

臨時帝国議会で憲法改正の共同修正案が衆院を通過した日に本会議で演説する尾崎行雄氏（1946年8月24日）

尾崎はこの時の演説について後に自伝の中でこう述懐している。「言語はできるだけ穏やかにし、理屈詰めにして真綿で首を絞めるような演説をするつもりで準備をしていた。ところが元田君（尾崎の前の質問者）の質問に対し、桂公は鼻先であしらい、軽べつ的扱いをしたために私は激怒した。せっかく準備した演説をまったく忘れて頭越しに桂公にくってかかった。桂公がいすから転げ落ちなかったから、私は失望した」

芳賀綏・東京工業大学名誉教授は「桂内閣を倒した尾崎の演説は、言論が力を持つことの象徴だ。藩閥、軍閥政治の中でさえ、言論が政権を倒すことがあったのに、戦後デモクラシーの時代になって、かえってそういうことがなくなった。日本の議会政治は、言論無力の時代になってしまった」と指摘する。

尾崎は明治から大正、そして昭和は戦後まで連続二五回衆院選に当選し、議員在職期間は六三年にも及んだ。日本では最長で、英国の最長記録を持つ元首相チャーチルの記録（六二年）も上回っている。

＊桂内閣弾劾演説の続き　「彼らは玉座をもって胸壁となし、詔勅をもって弾丸に代へて政敵を倒さんとするものではないか。かくの如きことをすればこそ、身既に内府に入って未だ何をも為さざるに当たって、既に天下の物情騒然として、なかなか静まらない。（中略）常侍補弼《じょうじほひつ》なるものはその品行端正、挙止謹厳《きょしきんげん》、一挙一動帝王の師となるべき者にしてはじめて成就するのである。桂公爵は、それらの資格の一点をも備へて居るところがありますか。かくの如き性格の者が、玉座の蔭に隠れて、常侍補弼の任にあたり、而してその野心を逞しうせんと欲すればこそ、天は人をして言はしめ、誰が教ふるとなく、天下物情騒然として定まるところがないのである」（『尾崎咢堂全集』より。要旨）

この間、所属政党は立憲改進党、憲政本党、立憲政友会など転々とし、二一年以降は無所属で通している。

「政党政治を心から願っていたが、政党に裏切られ続けた。反藩閥など自分の主張を決して曲げないためで、尾崎は『良心の自由まで拘束する政党とは調和がとれない』とも語っている。これが尾崎の最大の悲劇だ。ただ、政党政治を否認する言動には厳しく反対した」(富田信男明大教授)

戦後、日本国憲法案が衆院を通過した一九四六年八月二四日。当時八七歳の尾崎は、衆院本会議で、無所属議員として壇上に立った。憲法案が「国会は国権の最高機関」としている点を評価し「従来は主客転倒。行政府が国の政治の主体で、立法府は極めて柔弱微力なる補助機関のごとく扱われ、国民もそれに満足していたようだが、今日この憲法が制定せらるる以上は、立法府が主体で、行政府がその補助機関とならなければならぬ」と語った。

現在、国会では政府委員(官僚)による国会答弁を廃止し、党首討論を行うなど、官僚主導から政治家中心の議会政治を目指す動きが進んでいる。尾崎の主張は、五〇年余を経てようやく実を結びつつある。

衆院正面玄関の広間には、勤続五〇年表彰を受け、その後引退、死去した議員の胸像が設置されている。今は、尾崎と元首相・三木武夫の二人だけだ。言をもって論をなすことが少なくなった今の政治を尾崎はどんな気持ちで見るだろうか。

「数は力」の原型

〔3〕国家に貢献せんと欲すれば ますます党勢を拡張せざるを得ず ますます党員の結束を強固にせざるを得ず

原　敬　一九一四年(大正三)

ＪＲ東京駅丸の内南口。改札口付近の一隅に一枚だけ赤茶色のタイルがある。一九二一年一一月四日夜、政友会近畿大会出席のため、改札口に向かった首相原敬(一八五六～一九二一)はここで一九歳の鉄道員に刺殺された。そばの壁には「原敬首相遭難現場」との説明書きがあり、「犯人は原首相の率いる政友会内閣の強引な施策に不満を抱いて凶行におよんだと供述し、背後関係は不明であった」とあった。

原はなぜ殺されたのか。

原が伊藤博文、西園寺公望に継ぐ第三代立憲政友会総裁に就任したのは一四年六月一八日のことだ。臨時大会での就任あいさつで「国家に貢献せんと欲すれば……」と語った。さらに「いかなる人といえども、いかなる政党政派といえども我々と志を同じうし、ともに国家のことをはかり得る者でありましたならば、これと手を携えることを辞さぬのであります」と強調した。

原と親しかったジャーナリストの前田蓮山は、これを政党政治主義の宣言とし「元老、藩閥、官僚派に対する宣戦布告である」と評した。

首相に就任し、寺内正毅前首相と事務引き継ぎを行った原敬氏（右）
（1918年9月、原敬記念館所蔵）

原は策謀家で、極めて現実的な政治家だった。理想は語らず、藩閥勢力と妥協してでも権力に近づき、党勢拡大に努めた。党員にカネもよく配った。総選挙の時など一万円請求すれば一万五千円、二万円なら三万円を援助し、「それらの人々は大満足で原君の謳歌《おうか》者になった」（尾崎行雄『日本憲政史を語る』）

一八年九月、首相に就任。陸海両相と外相を除けばすべて政友会所属の閣僚という初の本格的な政党内閣で、平民宰相とはやされた。

産業を奨励し、鉄道、道路建設などで地方への利益誘導を図った。さらに、小選挙区制を導入し、議会で絶対多数を握る。

野党の憲政会総裁加藤高明は二一年一月の憲政会大会で「現政府の存続は国家国民の利益幸福と両立せず。国民の信望を失へる絶対多数は精神なき一の形骸《けいがい》のみ」と攻撃した。満鉄不正事件など疑獄事件の続発で新聞の批判も強まった。皇太子を洋行させたことに右翼が反発した。そんな中で暗殺事件は起きた。

御厨貴・政策研究大学院大学教授（日本政治史）は、「原は、戦後保守党の利益政治の原型を作った。政治は力なりと党勢拡大するリーダーシップはたぐいまれなものがあったが、批判も多くて、当時日本の政治風土が嫌ったのも確かだ」と指摘する。

原は戦後、再評価される。「政友会を率いて整然一糸乱れない統御を行った原のあの手腕、リーダーシップを回想させるためであろうか。原敬を回想させる戦後政治のこの貧困！」（岡義武『近代日本の政治家』）

東京・芝の小さな家に住み、遺産も少なかったことが一層評価を高めた。

かつて、中曽根元首相は新進党党首の小沢一郎氏（現自由党党首）を「原敬になれるか、独眼竜政宗に終わるかの正念場だ。原敬は人への慮《おもんぱか》りがあった」と評したことがある。

二〇〇〇年一月一九日の自民党大会であいさつした首相小渕恵三は、原敬日記から「行政の要は、自然の趨勢《すうせい》に順応して適当の処置をなすにあり」との言葉を引用した。小渕は、現実的な課題を処理するために自由党、公明党との連立を実現し、多数を握った。「多数の横暴で、形ばかりの民主主義」と野党から批判される自分の立場と、原のリーダーシップを重ね合わせているのかもしれない。

盛岡市にある原敬記念館の敷地内に句碑がある。原が死んだ年に作った句だ。

「わけ入里《り》し霞の奥も霞かな」

元館長の田口生氏は「藩閥政治と戦った生涯を振り返り、霞の奥にある権力をなおも究めていこうという気概を示したものではないか」と語っている。

〔4〕政策の終局的決定を人民の意向に拠らしむべし

吉野作造　一九一六年（大正五）

一九一二年一二月、閥族打破を掲げた憲政擁護運動が全国に拡大した。一四年二月には東京・日比谷で海軍の汚職事件に対する国民の抗議行動が起きた。

欧州留学から一三年に帰国した政治学者吉野作造（一八七八〜一九三三）は、日本でも「民衆が政治上において一つの勢力として動く傾向の流行」を見た。天皇主権の大日本帝国憲法のもと、藩閥や元老が実権を握る中で、民衆による政治をどう築くか。

そんな吉野の代表的な論文が雑誌『中央公論』一六年一月号の「**憲政の本義を説いてその有終の美を済**《な》**すの途**《みち》**を論ず**」である。

吉野は、憲政の本義とは、欧米で大きな潮流になりつつあったデモクラシーであり、「民本主義」だと説いた。民主主義だと「国家の主権は人民にありという危険なる学説と混同されやすい」と考えたからだ。

とくに「政策の終局的決定を人民の意向に拠らしむべし」として、政策決定、政権の運用の在り方を変えることの重要性を強調した。

吉野の思想は、天皇主権のもとで普通選挙や政党内閣を実現するための理論的な支柱になり、大きな反響を呼ぶことになる。

右翼は「危険思想」と攻撃した。

一八年一一月二三日夕、東京・神田の南明倶楽部で開いた右翼団体「浪人会」との立会演説会。

東京日日新聞によると、右翼弁士四人が「我が国は君主民本でなければならぬ。デモクラシーは、あんなことを言っても暮らせる『デモ暮らせる』に過ぎぬ」などと激しく非難。吉野は「民本主義は君主主義に対するものにあらず、官僚主義に対するものである」と冷静に説いた。五時間半後、討論を終え、帰途につく吉野を学生、労働者らは熱烈に迎えたという。

吉野作造氏

一方で、吉野の思想は、一七年のロシア革命の影響で勢いを得た社会主義者から、人民主権をあいまいにしたなどと批判を浴びた。

二五年三月、普通選挙法が加藤高明内閣で成立した。これは大正デモクラシー運動の成果の一つとされる。吉野は普選による無産政党の進出で政治が変わることを期待し、安部磯雄らと社会民衆党の結成にも参画している。

だが、軍部の動きが強まり、三一年の満州事変を機に日本は吉野の思いと逆の方向に進んでいった。

吉野はこのころの論文「現代政治上の一重要原則」（二

八年)では民本主義を使っていない。

こう書いた。

「我々人類の政治生活も考へてみれば随分永いものだ……ただ、之《こ》れだけを一言しておく、その発達の最高の段階に立つものが実に民主主義《デモクラシー》の精神であると」

吉野が東大教授として担当した日本政治外交史を現在教える北岡伸一東大教授は「吉野は国民の選択による政治を実現するため、制度の改善、国民の啓蒙《けいもう》が必要だと考えた。民主主義が確立した今日も、利益誘導が幅を利かせている。国民による政治の在り方は未解決の課題だ」と指摘する。

吉野は論文を五〇〇本以上も中央公論に発表した。民本主義論をはじめ、国際協調主義の外交論、中国革命、朝鮮論、さらに明治文化研究と幅広い。

中央公論社(現・中央公論新社)は六五年、吉野の業績をたたえ、優れた論文・評論を顕彰する「吉野作造賞」を設けた。この賞を提案した粕谷一希・元中央公論編集長(現・都市出版社長)が語る。

「日本人はデモクラシーを戦後、米国から学んだのではなく、すでに大正期に吉野から学び、下地はできていた。吉野は言論に職も命もかけた。我々は、言論の仕事をする限り、吉野を忘れてはいけないんだ」

これまで三九人が受賞(九九年度は米本昌平・三菱化学生命科学研究所室長)、二〇〇〇年から「読売・吉野作造賞」に衣替えした。

吉野の生地、宮城県古川市には、作家井上ひさし氏を名誉館長とする吉野作造記念館がある。映像やパネルで「民主主義」を再考する機会を提供している。

大衆にいかに語るか

〔5〕西にレーニン、東に原敬

永井柳太郎　一九二〇年（大正九）

自民党の森幹事長が、党の機関紙「自由民主」（二〇〇〇年一月四・一一日合併号）に、こう書いている。
「郷土の大先輩永井柳太郎先生が早稲田大学で作られたサークルだと聞き、入ってみた……同じカマの飯を食った仲間が、いま党と内閣で頑張っているのである。人の縁《えにし》の不思議さを思わずにはおれない」

早大雄弁会。小渕内閣では首相の小渕恵三をはじめ、青木幹雄官房長官、深谷隆司通産相、玉沢徳一郎農相。さらに国会でも、渡部恒三衆院副議長らがいる。政界中枢のポストを雄弁会出身者が占めた。

足尾鉱毒事件の農民救済運動をきっかけに一九〇二年一二月に発足した早大雄弁会は、以来、多くの政治家を輩出してきた。雄弁家として最も名高いのが永井（一八八一～一九四四）である。早大教授（社会政策・植民政策）時代から「諸君！」と始まる演説調の講義で学生の人気を集めた。一七年四月、衆院選に落選し地元金沢の兼六公園で開いた感謝演説会で、自らをローマの英雄シーザーに擬し「来たり、見たり、敗れたり」＊と語ったことが語り草になった。

国会で初めて質問に立ったのは、初当選後の二〇年七月八日の衆院本会議。この時の演説「西にレーニン、東に原敬」で、雄弁家としての名声は確立した。

当時、首相原敬が率いる政友会は、野党憲政会などが出した普通選挙法案を衆院解散で廃案とし小選挙区制を導入しての総選挙で圧勝した。だが、第一次世界大戦後の混乱で物価は高騰、生活不安が広がっていた。

永井は、「原内閣は、資本家と労働者の間に生じつつある階級戦争の傾向に対しても、何ら根本的にこれを調和し、国民経済の健全なる発達をなさしめんという努力をせず、憲兵と警官と軍隊との力によってのみ、労働者を抑圧せんとする」と述べて「今日の日本において、今日の世界において、なお、階級専制を主張する者、西には露国過激派政府のニコライ・レーニンあり、東にはわが原総理大臣あり」と強調。「レーニンは労働者階級である、原首相はむしろ資本家階級であるということは違うけれども共に民本主義の大精神を失うことは同じである」と続けた。

目をつぶって聞いていた原は、「質問ならお答えするが、勝手次第に認定して、ただ攻撃論を用いて

＊　「昔、ローマの英雄シーザーが初めて小アジアに出陣して有名なる敵軍の大将ファルナセスの大軍に対し、ただ一回の戦いによって見事これを撃ち破ったとき、彼はその戦勝の報告をわずか三つの言葉によってローマに書き送った。その言葉は来たり、見たり、勝ちたりというのであります。私もまた勇気をもって出馬したのであります。しかるに、その凱旋の日を待ちつつある在京の家族および友人に対し、シーザーと同じ言葉を送るあたわずして、来たり、見たり、敗れたりといわざるを得ざることを悲しむものであります」（『永井柳太郎』から要旨）

演説する永井柳太郎民政党幹事長(1932年の衆院選用に作られた党のポスターから。早稲田大学大学史資料センター所蔵)

おられる人に答弁する必要はない」とそっけなかった。が、翌日の新聞には「永井氏初陣の武者ぶり」(読売)、「青春の雄叫び涼しく宰相を射る処女演説」(東京朝日)と、見出しが躍った。

「舌三寸の神技」と言われた。

二二年二月二三日、衆院本会議での普通選挙法案賛成演説の一節。

「空に輝く一点の星といえども、地に咲く一輪の花といえども、意義なくしてこの世に存在する物はない。いわんや万物の霊長たる我々人間は、いかに貧しき労働者といえども、いかに不治の病に悩む者といえども、すべてその人でなければ果たすことのできない独特の天命を担うてこの世に生まれ出たのであります」

永井の直筆原稿の一部が、金沢市立玉川図書館に保存されている。何度も加筆、訂正し、入念に演説を準備したことがうかがえる。ただ、用意のない時はひどかったという話もある。ある結婚式での媒酌人としてのあいさつは、新婦の実家の温泉宿屋の来歴、温泉の効用に触れるうちにまとまらなくなった。話が一時間以上に及び聞き手も永井本人も困ったという（松村謙三『三代回顧録』）。

永井の言葉に象徴されるように、大衆にいかに語るかを重視する伝統は、雄弁会に脈々と受け継がれた。戦後、学生演説の名手と言われた海部俊樹・元首相が雄弁会に在籍した五〇年代でも、発声法や発音、話の組み立て方などを演習した。小石を口に含み、大きく口を開けて語る訓練さえあった。

海部元首相は、こう語る。

「僕が首相になった日、早大総長が大隈重信についての本を持ってきた。それには、木が枯れようとする時、枝葉に水をかけてもだめで、根を掘り根っこに水を与えないと木はよみがえらない。政治の根っこは国民だ、政治家が国民に訴えないと国民の声は政治に反映されないという大隈の言葉があった。僕はこれだと思ったね。街頭で多くの人を説得できるかどうか。今も政治家にとって、最後を決めると思っている」

第三章　政党の衰退、軍部の台頭

「新政党時代来る、新人の出現を待つ」——一九二五年(大正一四)四月一日の読売新聞の社説は、三月二九日に成立した普通選挙法を歓迎して、こう書いた。同法は、大衆の政治参加を一気に促し、無産政党が国政の舞台に登場した。が、その一方で政府は、治安維持法も制定し、言論・思想の弾圧を強化した。ラジオ放送が始まったのもこの年だ。

一方、日本経済は第一次世界大戦終焉に伴う不況を脱しきれないうちに、関東大震災に見舞われ、さらに世界恐慌の影響などで未曾有の不景気に直面した。こうした社会不安を背景に、三一年(昭和六)九月の満州事変を機に台頭した軍部はいっそう勢いを増し、政党政治は翌三二年の五・一五事件でピリオドを打つ。

政治学者の丸山真男は「二・二六事件を契機としていわば下からの急進ファシズムの運動に終止符が打たれ、日本ファシズム化の道程が独逸や伊太利のようにファシズム革命乃至クーデタという形をとらないことが、ここではっきりと定まった。これ以降の進展は、既存の政治体制の内部における編成替えであり、もっぱら上からの国家統制の一方的強化の過程である」(『現代政治の思想と行動』)と指摘している。

四〇年(昭和一五)、全政党が解党して大政翼賛会に流れ込んだ。議会といえども、「物言えば唇寒し」の時代に突入したが、勇気ある政治家がいないわけではなかった。

〔1〕今日正午頃においで渡辺銀行がとうとう破たんをいたしました

片岡直温　一九二七年（昭和二）

「失言」が飛び出したのは一九二七年三月一四日午後四時前後のことだ。衆院予算委員会で、関東大震災（二三年）により支払い困難になった手形を最終的に政府が補償する「震災手形処理法案」（震手法案）の審議中だった。

野党・政友会の吉植庄一郎はこの法案が一部の政商を救い、自由競争を妨げるものと指摘し、震災手形の持ち主や明細を公表せよと迫る。蔵相・片岡直温《なおはる》（一八五九〜一九三四）は「財界において破たんを惹起《じゃっき》した時は、是は整理救済することに努めなければならぬことは当たり前である」と述べたうえで、「現に今日正午頃《ごろ》において渡辺銀行がとうとう破たんを致しました。遺憾千万《いかんせんばん》に存じますが、預金は約三七〇〇万円ばかりございますから、何とか救済をしなければならぬと存じます……」と口を滑らせたのだ。

が、東京渡辺銀行は破たんしていなかった。

この日昼、同行の専務が大蔵省に出頭し、事務次官の田昌《でんあきら》に「支払い停止を致します」と通告、田は驚いて国会に行き、片岡にメモを渡した。片岡はそれを読んだ。しかし、同行は午後になって資金調達に成功した。大蔵省の担当者との連絡が遅れたため、その事実が片岡の耳に入ったのは、委員会終了後だった。

波紋は大きかった。翌一五日の新聞各紙は一斉に片岡の失言を報じた。渡辺銀行は休業し、経営不安がうわさされていた中小銀行で取りつけ騒ぎが相次いだ。

なぜ、片岡は失言したのか。議事録によると質疑は三時間ほど続き、野党の激しいやじを委員長が「静粛に」と何度も制している。首相の若槻礼次郎の回想録にも「片岡君は政友会の議員たちと渡り合い、相当激昂《げっこう》していた」とある。

ただ、日本生命の社長を務め、経済通を自任していた片岡は、失言と思っていない。

片岡直温氏

失言翌日の国会質疑では、「生きている銀行を殺した」と攻める野党に、「どうせ弥縫《びほう》できぬことは明らかにして他に及ぼす影響を防いだ方がよろしい」と開き直った。

片岡の回想録『大正昭和政治史の一断面』でも、「渡辺銀行の破たんを、まず委員会の諸君に告ぐることによって、銀行問題を党略的に利用することの、如何《いか》に戦慄《せんりつ》すべき結果を生ずるかの実例を示し、これによって賢明なる諸君の自省自重を求めたいと思った」と弁明、恐慌の原因は金融問題を政争の具に使った野党にあると繰り返している。

失言はなくても、渡辺銀行の経営が危なかったのは確かだ。当時の大蔵省文書課長青木得三は退官後の六六年、同省百年史を作る際、片岡の失言を青木から聞いた渡辺銀行の専務が「喜色満面で、しめたっ！という顔をした」と証言した。銀行にとって、蔵相の失言は休業するための格好の口実になったという趣旨だ。

だが、結果的に、蔵相の失言は、より激しい形で昭和恐慌の引き金を引いたことは間違いない。

震手法案は、第一次世界大戦で起きた好景気、いわば大正バブルの後始末を公的資金で処理するものだった。バブル経済崩壊で生じた不良債権処理が問題化した九〇年代の国会審議と状況は酷似している。九八年の金融国会では、日本長期信用銀行が破たんしているかどうかが論議になった。首相の小渕恵三は「かつて片岡蔵相がその発言から昭和恐慌を招いたことも歴史的事実として学んでいる」と述べるなど終始慎重な姿勢を崩さず、軟着陸を図った。過去の経験が生かされたとの見方もできる。

片岡の失言の背景には激しい与野党対立があった。

九〇年代の住宅金融専門会社(住専)処理や長銀問題でも同様だった。元大蔵省銀行局長の西村吉正早大教授は「住専処理ではあの解決しかなかったと思うし、野党ももう少し理解してほしかった。が、納得できないという国民の不満に対して政府は非常に大きな責任があり、率直に重く受け止めなければいけなかったんだろうと思う」と語る。

経済危機を招来しないようにするとともに、国民の理解も得る——。古くて新しい政治のテーマである。

女性と参政権

〔2〕婦選は鍵なり

市川房枝　一九二九年(昭和四)

東京・代々木の閑静な住宅地の一角に鉄筋コンクリート三階建ての婦選会館がある。元参院議員・市川房枝(一八九三〜一九八一)ら戦前から婦人参政権(婦選)獲得運動にかかわった人たちが寄付を募り、一九四六年に女性運動の拠点にと建てた。最初は木造平屋だった。現在、日本婦人有権者同盟の事務局がある。ロビーの壁には、思想家・平塚らいてうの「元始、女性は太陽であった」とともに、市川の「婦選は鍵《かぎ》なり」という銘文があった。

この言葉は、全日本婦選大会開催に向けて市川ら婦選獲得同盟のメンバーが二九年に作成したリーフレットにある。「**女は今扉の内に閉じ込められています。(……)婦選は鍵です。私どもは、この鍵によって閉ざされた扉を開いて外に出ることができるのです**」

すでに、納税条件を撤廃した男子の普通選挙権(二五歳以上に選挙権、三〇歳以上に被選挙権)は、一九二五年三月、衆院議員選挙法の改正で実現した。

市川らは、「これは普通選挙ではなく特別選挙だ」と批判し、一層運動を強めた。婦選獲得同盟という

記者会見する市川房枝参院議員（1974年12月）

名は、「『普選』と同音なので、『普選』はまだ完成されてはいない、『婦選』が残っているのだ、という抗議の気持ち」（『市川房枝自伝』）を込めた。

そんな女性の力が結集したのが、三〇年四月、東京・日本青年館で開かれた第一回全日本婦選大会だ。日本婦人参政権協会、無産婦人同盟など多くの女性団体が参加し、冒頭、与謝野晶子の作詞による「婦選の歌」が披露されている。

「同じく人なる我等女性／今こそ新たに試す力／いざいざ一つの生くる権利／政治の基礎にも強く立たん」

背景には大正デモクラシーによる女性解放論の高まりがあった。東洋経済新報社にいた石橋湛山（戦後、首相）は二四年七月、社説に「我が国の社会は従来あまりに婦人の力をかりることを忘れていた。男子が忘れていたのみならず、婦人自身がまた忘れていた」と書き、婦人を社会的に活動させよと説いている。二九年九月、首相浜口雄幸は緊縮財政への協力を求めるため、首相官邸に市川ら婦人団体幹部を招き懇談した。

政府は、三一年に婦人公民権案を国会に提出、衆院は通過したが、貴族院で否決される。同案は年齢制限が男子より厳しいなど男女の格差があり、市川らの望む案ではなかった。

結局、婦選実現は、戦後の四五年一二月、改正衆院議員選挙法の公布まで待たなければならなかった。「市川さんは『占領軍から婦選をもらいたくない、日本人が獲得するんだ』と政府に申し出た。だからこそ、占領軍の指令より先に幣原喜重郎内閣は決定した」(武田清子国際基督教大名誉教授)。

四六年四月の衆院選には全国で七九人の女性が立候補、三九人が当選した。だが、この記念すべき衆院選に、市川は一票を行使できなかった。戦時中の疎開がもとで選挙人名簿から漏れていたのだ。「市川先生は『本当にこんなことってあるんだろうか……』と何度も役場にかけ合い、本当に残念そうだった」(養女、市川ミサオさん)。

市川は、戦時中、大日本言論報国会の理事を務めていたため、公職追放処分も受けている。国会議員になったのは五三年の参院選東京地方区で初当選してからだ。五九歳だった。

「出たい人より出したい人を」と理想選挙を唱えた。一度落選し引退を決意したが、菅直人氏(現民主党幹事長)ら市民グループが市川を担ぎ、七四年に再び参院へ送っている。

婦選獲得から半世紀以上。女性の政治参加は、市川の思い通りに進んだだろうか。衆院選で女性の当選者が婦選獲得時の三九人を超えたことはない。

市川の秘書を務めた紀平悌子日本婦人有権者同盟会長(元参院議員)は、「『権利の上に眠るな』というのも市川先生が好んで使った。日本で一番進んでいないのが女性の政治参画。生活が、政治、政策によって左右されることを分かってもらえていない。『婦選は鍵なり』は、今も生き続けている言葉です」と語っている。

〔3〕男子の本懐

浜口雄幸　一九三〇年（昭和五）

一九九四年一月二四日付けの読売新聞夕刊に、「浜口雄幸　決意の自筆原稿」という記事が載っている。東京・渋谷の浜口家から浜口雄幸（一八七〇～一九三一）の首相時代の「回訓（政府の方針）案決定件説明原稿」が見つかり、遺族が出身地の高知市立自由民権記念館に寄託したという内容だ。

「国力ノ許サザル軍備ノ拡張ハ、無理ニ之ヲ行フトモ、実際ニ国防ノ用ナシ難シ」。

七枚の自筆便せんは、一九三〇年一月からロンドンで始まった海軍軍縮会議に臨む若槻礼次郎元首相、財部彪《たからべたけし》海相らに対し、浜口が軍縮実現を強く指示したことを裏付けている。

二九年七月に首相に就いた浜口は、「自分が政権を失うとも、民政党を失うとも、また自分の身命を失うとも、奪うべからざる堅き決心」（山梨勝之進海軍省次官談）で軍縮交渉に臨んだ。第一次世界大戦後の不況にあえぐ日本経済の立て直しには、英米との協調路線を推進し、軍事費を削減して産業政策を推し進めることが不可欠だったからだ。

軍縮交渉は結局、補助艦の対米比率六九・七五％で妥協する。が、海軍軍令部はこれに反発。野党政

風貌からライオン宰相といわれた浜口雄幸首相（1930年頃＝浜口明子さん所蔵）

友会の総裁犬養毅らは、軍令部の同意なしの兵力量決定は国防上問題で統帥権干犯《かんぱん》のおそれがあると政府を非難した。

ロンドン海軍軍縮条約の可否を議論する軍事参事官会議に臨む際、財部は浜口に元帥東郷平八郎らの姿勢が固いことを告げると、浜口は、「仮令《たとえ》玉砕すとも男子の本懐ならずや」と語ったという。浜口は考えを決めると一徹だった。当時の日記には「政府の方針態度は微動なし。事後の方針は臨機応変なり」とある。軍縮は最後まで政府方針で押し切った。

浜口のもう一つの課題は懸案

になっていた金解禁政策、つまり欧米と同様に金本位制度に復帰し、国際貿易を安定させることだった。歴代内閣は不景気になるのを恐れて踏み切れなかった。金融のエキスパート井上準之助を蔵相に抜てき、三〇年一月に解禁に踏み切った。勇気ある決断だったが、不幸にも、前年一〇月二四日にニューヨークの株式市場が大暴落し世界恐慌が始まっていた。金解禁は台風に向けて玄関を開ける結果となり、景気は一段と悪化、東北では娘の身売りが横行した。後に「失政」と批判を浴びることになる。

浜口の論述、講演の記録を編集し、二〇〇〇年二月に上梓した川田稔名古屋大教授は、「世界恐慌は人類未曽有《みぞう》の事態だった。浜口には、金解禁断行こそ長期的には日本のためになる、恐慌は乗り切れるとの信念があった」としたうえで、こう語る。

「浜口は国の死活につながる外交を極めて重視した。演説の多くは、冒頭かなりの部分を外交政策にあてている。冷戦構造と日米安保の枠内で外交を構想すれば済んだ時代が終わり、内外とも転換期にある現在は、ある意味で浜口の時代に似ている。そこに、政治家浜口を学ぶ現代的な意義がある」

浜口は、三〇年一一月一四日午前九時前、東京駅で、ロンドン条約締結に反発した右翼青年に撃たれた。この直後、外相幣原喜重郎らに「男子の本懐だ」と語ったという。

この瞬間を浜口自身は、こう書いている。「『うむ、殺《や》ったナ』と言ふ頭の閃《ひらめ》きと『殺られるには少し早いナ』と言ふことが忽焉《こつえん》として頭に浮かんだ(……)余はいよいよ死を決した。『男子の本懐』と言うた時には未だ多少の元気があり、言葉さへ明瞭《めいりょう》であったが、いよいよ万事休すと観念し安心してしまって、かねて愛誦《あいしょう》して居った碧巌録《へきがんろく》第五一則の雪竇禅師《せっとうぜんじ》の偈頌《げじゅ》の結句『夜深《よふかうして》 同看《おなじくみる》 千巖雪《せんがんのゆき》』を口吟した時は、低声で傍人には明瞭に聴き取れなかったと言ふことである」(遺稿『随感録』)

「本懐」とはいえ、「殺られるには少し早い」と思ったのは、金解禁後の処理が念頭にあったに違いない。浜口はこの後、体調不良を押して国会に出席するが、傷が悪化し、事件から九か月後、死去した。

「政治ほど真剣なものはない、命がけでやるべきものである」「政治をして国民道徳の最高標準たらしむる」と、謹厳実直な性格通りの言葉もある。浜口の言行一致の政治姿勢には、今でもファンが多い。

そんな市民有志の手で九四年に高知市内の浜口の生家に記念館が出来た。

二〇〇〇年三月二六日、同市五台山に浜口の銅像が完成し、除幕式が行われた。銅像建立の会会長代行の同市在住、田村勢喜さんは「銅像建立には、政治に命を懸ける浜口のような政治家がいてほしいという思いもあるんです」と語っている。

〔4〕溶鉱炉の火は消えたり

浅原健三　一九三〇年(昭和五)

福岡県北九州市。日本の近代的工業は、富国強兵を掲げる明治政府がこの地に官営八幡製鉄所を設立した時から本格化した。一九〇一年から七〇年間稼働した東田第一高炉は現在、市の文化財として保存され、東洋一とうたわれた大製鉄所の栄光を今に伝えている。

その溶鉱炉の火が、かつて一度だけ労働者の手で消えた。二〇年二月の「八幡大争議」。当時二二歳の浅原健三(一八九七〜一九六七)が指導した労働組合が、労働時間短縮、賃上げを求めて二万人規模の罷業(ストライキ)を決行、ほぼ一か月の闘争で、約二〇〇人も解雇されるという犠牲を出しながらも待遇改善を勝ち取ったのだ。

浅原は投獄され、炭坑での運動を経て地方無産政党の九州民憲党を結成した。普通選挙法施行後の二八年の衆院選福岡二区でトップ当選し、安部磯雄、河上丈太郎、西尾末広ら七人とともに初の無産政党議員となった。浅原が、極貧の生い立ちから議員当選までの闘争を描きベストセラーになったのが『溶鉱炉の火は消えたり』(三〇年)だ。

日大時代、社会主義運動家加藤勘十やアナーキスト大杉栄と出会い、影響を受けた。尾崎行雄の演説会でのことだ。「羽織に白紐を胸高く結び、髭《ひげ》の先に対応してぐっと反身になってゐる（尾崎）咢堂の演説ぶりが癇癪《かんしゃく》だった。やじを飛ばしているだけでは癪の虫が収まらない。突進したが、捕まって袋叩きにあったあげくが久松署へ検束。これが私の検束の食い始めだ」

八幡大争議はこう描く。

「地獄絵を観るやうな焔《ほのお》と肉の相撃つ惨憺《さんたん》たる鎖縛の労働状姿よ！最高無比の大××地、それは政府の名によって成され、××の××に懸けて××せらるる労働××である。その日本最大の大工場は今死淵の底に沈みゆきつつある……『ああ炉は消えた』無声の叫びが私の咽喉を裂く。武者振るいか、全身がわなわなと打ち震ふ！」

幣原喜重郎外相（当時首相代理）に抗議する無産政党幹部。左で立っているのが幣原外相。テーブルについている中で左から３人目が浅原健三氏（大山郁夫邸から発見されたもの。1930年頃）

検閲による伏せ字も多い。衆院議員として「粉骨砕身《ふんこつさいしん》、無産階級政治運動の真一文字に驀進《ばくしん》せんことを誓ふ」との決意もある。

だが、この本が出たころ、金融恐慌で労組は戦闘力を失っていた。さらに、三一年の満州事変勃発《ぼっぱつ》以降、無産勢力内でも親軍勢力が台頭するようになった。無産政党の多くを統一して三二年に結成された社会大衆党は、後に軍部、官僚に積極的に協力する。

浅原の変貌《へんぼう》も劇的だ。三二年の総選挙に落選後、一転して軍部に接近。三六年には中央公論誌上で無産運動との決別を宣言した。

「我々の政治闘争に対する真の大衆への働きかけは、より高度なる政治戦術の展開によるべきである。無産党運動、特に議員行動を通じて大衆を動員することは、細糸をつないで巨鯨を導かんとするに等しい。この愚を放棄すべきである」

憲兵隊にいた大谷敬二郎は、戦後、浅原が陸軍の石原莞爾ら将校に接近していった姿を生々しく証言した(『昭和憲兵史』)。

こうした変化を粟屋憲太郎立教大教授は、「結局、戦争に対し無産政党が正面から対決する論理をもち得なかった。無産政党は革命を考えていたが、社会全体が軍国化されてくると革命主義が存在する基盤がなくなってしまい、急進主義の無力感が強まる中で、軍の中でも『革新的』なことを言う人たちに、もう一つの革命を夢見たのではないか」と指摘する。

浅原の生き方は無産運動指導層の転向の一例と言える。同時に、普通選挙法とともに制定された治安維持法の影響も大きかった。戦後、日本の社会主義運動がマルクス主義から永らく脱却できなかったのは、社会民主主義の素地が十分できないうちに無産運動が弾圧され、欧州のように理論を実践できなかったからだとの指摘がある。

戦前、無産運動に身を投じ、五年ほど投獄された経験を持つ三戸信人新産別常任顧問は、こう語る。

「獄から出てきたら無産運動はなくなっていた。国賊《こくぞく》扱いされ、むしろ刑務所の方が楽だったぐらいだ。欧州のデモクラシーの影響を受け皆で進んで行ったが局面が変わるとダメになる。弾圧時代に精神は死んだ。その上に戦後開放的な形で、棚ぼた式の運動が始まった。ポツダム労働組合、それが良くもあしくもずっと尾を引いているんです」

〔5〕真の友誼は国際主義によってのみ涵養せられる

尾崎行雄　一九三一年（昭和六）

一九三一年（昭和六）九月一八日夜、奉天（現瀋陽）郊外の柳条湖付近で南満州鉄道の線路が突然爆破された。日本の関東軍が仕掛けた満州事変のぼっ発だ。日本は、これを機に満州国建国、国際連盟脱退と、しゃにむに戦争への道に踏み出していく。

尾崎行雄は事変の報道を米国で聞いた。国際平和推進事業に取り組むカーネギー財団の招きで三女の相馬雪香さんらを連れて講演旅行をしていたのだ。

一〇月二一日、ニューヨークで行われた親善夕食会で、尾崎は、「日本が全世界の友邦に心痛を与えつつある中、国家間の平和と友誼《ゆうぎ》（友好）について意見するのは少々間の悪い気もする。が、この日支間の紛争は一時的事件であり、述べたいと思うことは永久にわたる事柄だ」と語り始めた。

「今や世界は小さくなった。狭隘《きょうあい》なる国家主義は、全然放棄されないまでも、根本的に改善されなければならぬ。現在は何事も国際的になりつつあるのであって、そうなっていないのは人間の心情だけである」

ワシントンで、東京市長時代に贈った桜を見る尾崎行雄氏（中央、当時91歳）。左は三女の相馬雪香さん（1950年6月、尾崎行雄記念財団所蔵）

「真の友誼は……涵養《かんよう》せらるる（自然に養われる）」はこの後に続く言葉だ。

明治大学の富田信男教授は、「普通選挙（普選）運動とともに不戦という『二つのフセン』が尾崎の政治行動の特徴だ。満州国建国は日本に耐え難い恥辱と損害をもたらすものと映った」と指摘する。

尾崎にとって生涯の負い目になったのは、第二次大隈重信内閣の司法相として、中国での日本の権益拡大を狙う「対華二十一か条要求」（一五年）を認めたことである。自伝には「このことを深く悔い、自責の念を実証するために、今後はいかなる内閣にも入閣しない旨を公表した。幾度か入閣の機会もあったが、すべてこれを拒絶し、一衆院議員として終始した」とある。

尾崎は、第一次世界大戦後、欧州で戦争

のもたらす悲惨さを視察し、熱心な軍縮論者になった。後には、国際司法裁判所の創設や世界連邦結成まで提唱している。

日本全体が軍国主義化していく中、国際主義を主張し、議会政治の確立を志した尾崎の思想は、現在も継承されている。尾崎を支えた選挙地盤の三重県伊勢市には、有志による「咢風会」がある。尾崎の雅号「咢堂《がくどう》」から名付けたもので、会員数は五〇〇余人。尾崎が東京市長（現都知事）時代の一二年、ワシントンへ三千本の桜を贈ったことにちなんだ日米交流活動も行っている。三重県選出の田村元・元衆院議長は「道路や橋など地元選挙区に世界の咢堂の足跡が全くないことに驚く。利益誘導に不熱心な人を、支持者は私財を投じて支援した。陳情で政治家を縛り付ける有権者が多い今日、貴重な教訓だ」と言う。

尾崎の国際主義の理想は相馬さんに受け継がれた。相馬さんは七九年に日本初の難民救済ＮＧＯ（民間活動団体）「難民を助ける会」を結成、現在も会長をつとめている。

世界各地での難民救済事業、対人地雷廃絶キャンペーンなどに取り組んできた「助ける会」は一九九九年、読売国際協力賞を受賞した。一九九九年一一月二日に都内で行われた贈賞式で、首相小渕恵三は、自ら地雷廃絶問題に取り組んできた背景に、相馬会長らの活動があったと述べた。八七歳の相馬会長は、尾崎の人生訓である「**人生の本舞台は常に将来にあり**」という言葉に触れながら、こう語った。

「皆さんもあきらめずにしなければならないことをやってほしい。今の政治家は、日本人の心に秘められた宝物を引き出すのが下手過ぎる。選挙区に対して心の悪い方ばかりを引き出す努力を重ねている。（大切なのは）日本があるべき姿を、皆さんの心の宝を世界に発揮することです」

戦後、民主制の象徴に

〔6〕話せばわかる

犬養　毅　一九三二年（昭和七）

東京・永田町にある現在の首相官邸が出来たのは一九二九年。旧帝国ホテルを設計した米国の建築家ライトの影響を受けたこの洋館は、七〇年余り、常に日本政治のひのき舞台となってきた。まだ真新しい官邸で、最初に起きた流血事件が、「五・一五事件」(三二年五月一五日)である。

日曜日の夕暮れ時、二〇歳代の海軍の青年将校と陸軍士官学校生徒らが首相官邸などに踏み込み、首相犬養毅(一八五五～一九三二)を射殺した。実行犯の一人、三上卓(海軍中尉)は、その瞬間を海軍軍法会議でこう証言している。

《首相が私を見つめた瞬間、拳銃《けんじゅう》の引き金を引いた。弾がなくカチリと音がしただけでした。すると首相は両手をあげ「まあ待て。そう無理せんでも話せば分かるだろう」と二、三度繰り返した。日本間に行くと「靴ぐらいは脱いだらどうじゃ」と申された。私が「靴の心配は後でもいいではないか。何のために来たか分かるだろう。何か言い残すことはないか」と言うと何か話そうとされた。その瞬間山岸(宏海軍中尉)が「問答いらぬ。撃て」と叫んだ。黒岩(勇海軍少尉)が飛び込んできて一発撃った。私も引き金を引

いた》

弾丸は犬養のこめかみと腹部に命中した。犬養は使用人に「あの若い者をつれて来い、話せば分かるんだ」と再度、語ったが、その日夜、絶命した。

事件当時四歳だった孫の犬養康彦・共同通信社相談役は、官邸の別室で母親に抱かれていた。「事件のことは全く覚えていないが、我々家族には、当時の世論が、むしろ将校たちに同情的だったという記憶が残っている。『話せば分かる』という言葉が、政党政治の象徴的な言葉として言われ始めたのは戦後からではないでしょうか」

事件の背景には、昭和恐慌による不況、とくに農村の疲弊と、支配層への不満があった。政党・財閥を打倒し、

中央が犬養毅首相、前列左隣は高橋是清蔵相、右隣は床次竹二郎鉄道省（1931年12月13日首相官邸で）＝犬養木堂記念館所蔵

国家革新を目指した青年将校たちには、減刑を求める嘆願書が殺到、その数は海軍側被告だけで七〇万通近くに上ったといわれる。事件直後から軍部批判を展開した福岡日日新聞の菊竹六鼓など一部を除いて、模様眺めの態度を取った新聞も少なくなかった。

青年将校たちの狙いは、政治家犬養ではなく、「政党、内閣の首領たる首相を倒し、権力の中枢を突く考え」（古賀清志海軍中尉）だった。

憲政擁護運動で、尾崎行雄とともに憲政の神様と称された犬養は、少数政党を率い、時には軍部や大政党に迎合して「無節操」「変節漢」とさえ言われたが、将校たちの批判する「金権腐敗」とは無縁だった。政界引退後、七六歳で首相になったのも、政友会の党内事情からだった。

その犬養が、将校たちに何を話したかったのか。

ヒントになりそうな犬養の言葉がある。事件の約五か月前の三一年一二月、大阪毎日新聞主催の会合でのことだ。

「青年の思想問題は、それほど非常に神経を悩まさなくてもいい（……）この間も非常な理想論者がやって来て、政党は腐り切ってる、実業家の権力のある奴《やつ》は乱暴狼藉《ろうぜき》をやる、そんなものは打ち懲らせばよいという。それは無論だ、俺《おれ》もその通り思っている。しかし俺は改善し得ると思っている。全部とはいわぬ、一部分の妙な世相を激発する助因だけは除くことが出来ると言ってやった」

犬養を長年研究している倉敷芸術科学大学の時任英人教授は、こう考える。

「犬養はリベラルではあるが、軍人と近い考えを持ち、自ら青年将校ら革新派の〝盟友〟と思っていた。政治の腐敗も理解しているし、それを解決できる立場にある唯一の政治家だと説きたかった。反面、これがいい死に場所というか、シンボリックに死ぬことで歴史の流れを変えることができると覚悟したのではないか」

犬養内閣は、戦前最後の政党内閣となった。軍の力は一層強まり、話し合いよりも〝問答無用〟の政治に傾いていった。

戦後、議会制民主主義が確立し、言論も自由になった。だが、制度は出来たものの、討論、議論を尽くして問題を解決しようという政党政治の在り方は、今なお問われつづけている。

手に汗握る討論があった

〔7〕軍隊を侮辱した言葉があったら割腹して君に謝する。なかったら君割腹せよ

浜田国松　一九三七年(昭和一二)

東京・永田町に現在の国会議事堂が落成したのは二・二六事件のあった一九三六年の一一月のことだ。一八八一年に国会開設勅諭が出ながら建設は遅々として進まず、帝国議会は、東京・日比谷や日清戦争中の広島など四つの仮議事堂で論議をしていた。議会史に残る「腹切り問答」は、一九三七年一月二一日、その新議事堂で、議会召集後の休会明け初日に開かれた衆院本会議で行われた。

政友会の元衆院議長浜田国松(一八六八〜一九三九)は、首相広田弘毅の施政方針演説に対し、政治・行政機構の改革、外交などの成果が上がっていないことを指摘、原因は軍部にあると繰り返した。さらに、「少壮の軍人にすら数回総理大臣を打ち殺すだけの政治意識を持っている軍だから、軍の奥の院に隠れているものが、巧妙なる政治戦術、戦略のために種々なる機略を弄《ろう》することも、国民が之《これ》を想像するに於《お》いて必ずしも無理ならざるものである」と軍部を痛烈に批判した。

閣僚席で聞いていた陸相寺内寿一は顔を紅潮させて「軍人に対しまして聊《いささ》か侮蔑《ぶべつ》さるるようなごとき感じを致すところのお言葉を承りまするが、浜田君のおっしゃいまするところの国民一致のお言葉に背

浜田国松氏

くのではないか」と切り返した。

ベテラン、六八歳の浜田はさらに二度、登壇する。

浜田「国民代表者の私が、国家の名誉ある軍隊を侮辱したという喧嘩《けんか》を吹きかけられて後へは退《ひ》けませぬ。私の何等の言辞が軍を侮辱致しましたか、事実を挙げなさい」

寺内「侮辱するがごとく聞こえる言辞は、かえって浜田君の言われる国民一致の精神を害するからご忠告を申したのである」

浜田「私は年下のあなたに忠告を受けるようなことはしないつもりである。速記録を調べて僕が軍隊を侮辱した言葉があったら割腹して君に謝する。なかったら君割腹せよ」

二二日の読売新聞朝刊には、「白亜殿堂の爆弾男」との見出しが躍った。浜田は、演説後、「平素の持論を議会の壇上で述べた。わしは議員の持つ権威を護《まも》っただけだ」と語っている。浜田の孫の三重県伊勢市在住、寺田貢・医師は、「祖父は官僚嫌いだった。軍も一種の官僚組織。明治以来の自由民権的な古き良き保守というものを守りたかったのではないか」という。

寺内は反撃に出る。本会議終了後の臨時閣議で、寺内は、政党を懲罰すると称して衆院の解散を主張。政党出身の閣僚はこれに反対して対立したため、翌二二、二三日の両日は停会となり、広田は打つ手がないまま、閣内不一致を理由に二三日、総辞職した。

この時、寺内は「現下の政情は自分の信念と異なるので辞表を出した。必ずしも浜田の演説が原因ではない」との談話を出した。侮辱があったかどうかは、結局うやむやになった。

広田の後任首相には、軍部にとってよりコントロールしやすい元陸相・林銑十郎が就いた。浜田の勇気ある軍部批判は、結果的には裏目に出ることになる。

現在、衆院規則には、本会議での質疑は「同一議員につき同一の議題について三回を超えることはできない」、「意見書または理由書を朗読することはできない」とある。参院も同様だ。が、複数回登壇する質問者は珍しい。質問や答弁も原稿の朗読が目立ち、本来の討論にはほど遠い。

参議院事務局参事の経歴もある前田英昭駒沢大教授は、こう語る。

「浜田は寺内との間で手に汗握る討論になり、国民はボクシングを観戦するようにすかっとした。それが議会を公開するということだ。国民に聞かせようと思えば自然に討論になる。政治家に国民不在の意識が染みついているから、今の国会本会議には、最も大切な政治の生の言葉がない」

元衆院書記官長大木操は「議会議事堂の初日の舞台開きは、華々しい言論の真剣勝負から始まっていることを忘れてはならない。言論の府としてまことに輝かしいスタートを切ったものと言うべきであろう」（八〇年、『激動の衆議院秘話』）と書いている。

〔8〕欧州の天地は複雑怪奇なる新情勢

平沼騏一郎　一九三九年（昭和一四）

「不気味な報道は、爆発物のように世界の頭上に破裂した」（W・チャーチル『第二次大戦回顧録』）

一九三九年八月二三日、不倶戴天《ふぐたいてん》の敵同士だったドイツとソ連が不可侵条約を結び、手を握ったのだ。日本政府に与えた衝撃は大きかった。満州（現中国東北部）西北部のノモンハンでソ連と国境紛争の真っ最中で、ドイツとはソ連を仮想敵とする防共協定強化をめぐって延々と議論が続いていたからだ。外交政策を根底から覆された首相平沼騏一郎《きいちろう》（一八六七〜一九五二）は二八日、総辞職を決めた。

「独ソ不可侵条約に依《よ》り、欧州の天地は複雑怪奇なる新情勢を生じたので、我が方はこれに鑑《かんが》み、従来準備し来たった政策はこれを打ち切り、更に別途の政策樹立を必要とするに至りました……輔弼《ほひつ》の重責に顧み、洵《まこと》に恐懼《きょうく》に堪へませぬ。臣子の分としてこの上現職に留まりますことは聖恩に狎《な》るるの惧《おそ》れがあります」

「局面を転換し、人心を一新するを以て刻下の急務と信ずるものであります」

政治責任をはっきり認めた首相談話は、政府の驚愕ぶりを物語っていた。

司法官僚出身の平沼が首相になったのは同年一月。第一次近衛内閣で始まった日中戦争の収拾と日独伊三国同盟への参加問題が最大の懸案だった。

ドイツは仮想敵にソ連のほか英仏を加えることを要求。陸軍は日中戦争にソ連を介入させないためにも同盟推進を主張し、海軍と外務省は英国を敵に回すことに反対した。首、陸、海、外、蔵の五相会議は七〇数回も開催されたが結論は出ない。平沼は回想録で「一刀両断に解決すれば陸海軍の間に不和を助長し国民の間に相克の状態を生じ為に一国の治安を害すること二・二六事件より更に大なるに至るべし」と、あえて断を下さなかった理由を述べている。

終戦時に枢密院議長を務めた平沼は、御前会議でポツダム宣言を受諾する立場に立った。四五年八月一五日当日、抗戦派の兵隊たちが平沼

首相官邸での平沼騏一郎首相（著書の『機外清話』より）

ら の暗殺を企てた。騏一郎の後継ぎとなった平沼赳夫経済産業相は、当時六歳。襲撃を受けた東京・西大久保の自宅が炎上したことを強烈に覚えている。

平沼が予想だにしなかった独ソ接近だが、情報はなかったのだろうか。

実は、駐独大使大島浩が四月の段階で独ソ接近を伝える電報を打っていた。

また、ソ連のスパイで米国に亡命したクリヴィツキーは、スターリンがこの六年間、ヒトラーとの握手を熱望し続けていたことを暴露した論文を書き、『中央公論』三九年八月号に掲載された。ただ、同九月号では、この論文自体が取り消されている。文中に、ドイツの日本大使館から情報が漏れていることが書かれていたこともあって、陸軍が圧力をかけたものと見られる。

外交評論家・清沢洌もクリヴィツキー論文をはじめ欧州での独ソ接近の動きを察知し、知識人が自由にものを言えないことや、固定的な考えに凝り固まり柔軟な発想が出来なかった日本外交のあり方に警鐘を鳴らしていた。

日独を中心とする国際政治史に詳しい三宅正樹明大教授はこう指摘する。

「情報がないわけではなかった。反共を旗印とするドイツとソ連が手を結ぶことを想定していないから、『複雑怪奇』となる。情報が、政策決定者に届かず、生かされないことこそ問題だ。ヒトラーの反共政策と外相リッベントロップの親ソ政策とが同時に存在していたことが、日本側を混乱させたことも事実だ」

外交戦略に秘密はつきものだ。米中が厳しく対立していた七一年七月、ニクソン米大統領の電撃的な訪中発表は、世界をあっと言わせ、日本では「頭越し外交」と言われた。

日本政府は湾岸戦争を機に九一年九月、外相の諮問機関・外交強化懇談会（瀬島龍三座長）を設置、情報判断力の強化策を検討した。これを受けて、九三年に総合外交政策局、国際情報局の新設を柱とする機構改革を実施した。「日本外交は事務に追われ、戦略的な発想がない。タテ割りの局ではなく総合的、中長期的にモノを考えるところが必要」（瀬島座長）との当時の問題提起は、今なお課題であり続けている。

〔9〕聖戦の美名に隠れて

斎藤隆夫　一九四〇年(昭和一五)

兵庫県但馬地方。冬には深い雪に閉ざされるこの地方の人々の気質を表す言葉に「どへんこ」という方言がある。「筋を通して譲らぬ一徹者」といった意味だそうだ。

但馬の出石《いずし》町に生まれた民政党衆院議員の斎藤隆夫(一八七〇〜一九四九)も、いわば筋金入りの「どへんこ」だった。

一九四〇年二月二日、斎藤が衆院本会議で行った質問演説は、泥沼化していた日中戦争(三七年七月勃発《ぼっぱつ》)打開の見通しをただすことに狙いがあった。

「ひとたび国際問題に直面すれば、弱肉強食の修羅道に向かって猛進する、これが即ち人類の歴史であり、現実である」

斎藤はヨーロッパの戦争の実像に言及しながら、日中戦争での軍部の姿勢に批判の矛先を向ける。

「この現実を無視して、ただ徒《いたずら》に聖戦の美名に隠れて、国民的犠牲を閑却し、いわく国際正義、いわく道義外交、いわく共存共栄、いわく世界平和、斯《かく》の如《ごと》き雲を掴《つか》むような文字を並べ立てて、千載一

懲罰委員会で弁明する斎藤隆夫氏(右)(1940年2月24日)

遇の機会を逸し、国家百年の大計を誤るようなことがありましたなら、現在の政治家は死してもその罪を滅ぼすことができない」

戦争に突入すると、戦争自体を自己目的化しがちな軍部の体質を鋭くえぐった。

陸軍は「聖戦の冒涜《ぼうとく》だ」と激しく反発した。衆院議長小山松寿は国民の目に触れぬよう議事録から三分の二を削除することを命じ、軍部の顔色をうかがう政党は、翌日には斎藤を懲罰委員会にかけた。

三月七日、斎藤の除名をめぐる衆院本会議の投票結果は、賛成二九六、欠席・棄権は一四四、堂々と反対票を投じたのは政友会の芦田均(戦後、首相)らわずか七人だった。

しかし、一時間半もの演説は、一部の報

道によって国民に伝わり、強く支持された。斎藤の秘書で後に衆院法制局次長をつとめた三男の義道さん(東京都品川区在住)は、斎藤が自宅の庭や鎌倉の海岸を散策して演説を何度も口ずさみ、暗記していた姿を覚えている。そんな思いが通じたのか、斎藤に送られた激励の手紙は、七〇〇通を超えた。

斎藤は、この演説以外にも二・二六事件後の三六年五月に軍部を糾弾した「粛軍演説」＊など反骨精神あふれる演説を残している。

＊粛軍演説　「軍部の一角、殊に青年軍人の一部には国家改造論のごときものが台頭し、現役軍人でありながら政治を論じ、政治運動に加わる者が出て来たことは争うことのできない事実である。軍人が政治運動に加わることを許すと武力に訴えて自己の主張を貫徹するのは自然の勢いであり、立憲政治の破滅はいうに及ばず、国家動乱、武人専制の端を開くものであり、軍人の政治運動は断じて厳禁しなければならぬ。青年軍人の思想は極めて純真だが、単純である。政治に干渉することは極めて危険性を持っている」

「(五・一五、二・二六の)両事件に対し、軍部当局はこれを闇から闇に葬り去ってしまって少しも徹底した処置をとっておられない。ある者は一国の総理大臣を殺害したにもかかわらず、軍人であるがために、比較的軽い刑に処せられ、ある者は、わずかに発電所に未発の爆弾を投じただけであるにも拘わらず、普通人であり、重き刑罰に処せられた。軍部首脳者にしてこの事件に関係して居る者は一人もいないのだろうか。立憲政治家たるものは、正々堂々と国民の前に立って、国家のために公明正大なる政治上の争いをすべきである。軍部の一角と通謀して自己の野心を遂げんとするに至っては、政治家の恥辱であり堕落であり、卑怯千万の振る舞いである」

「今回の事件に対しては上下あらゆる階級を通じて衷心《ちゅうしん》非常に憤慨している。にもかかわらず彼らは言論の自由が拘束せられている今日の時代において公然とこれを口にできない。専制武断の封建時代と何の変わるところがあるか。一部の単独意志によって国民の総意が蹂躙《じゅうりん》せらるるがごとき形勢が見えるのは遺憾千万。それでも国民は沈黙し、政党も沈黙している。ある威力によって国民の自由が弾圧せられるがごとき傾向を見るのは、国家の将来にとってまことに憂うべきことであり、敢えて一言を残して置くのであります」(『斎藤隆夫政治論集』から要旨)

こうした議員活動ができたのも斎藤を支える支持者がいたからだ。「軍の抑圧が強く、国民が批判すれば特高（特別高等警察）に捕まる時代、議員だけが議場で自由に発言できた。多くの議員が保身に走る中で、斎藤が立てば自分たちの言いたいことを代弁してくれると、ある種の民衆伝説が生まれていった」（栗屋憲太郎立教大教授）

除名後、斎藤が復活をかけて立候補した四二年四月の衆院選。日本が太平洋戦争に突入し、東条英機内閣は「翼賛政治体制協議会」の推薦候補を当選させるため、大々的な選挙干渉を行った。この選挙で、地元有権者は、非推薦で出馬した斎藤を最高点で当選させ、再び国会に送り出している。

斎藤の評伝を書いた評論家草柳大蔵さんは、「今の議員には皮肉のようになるが、斎藤は利益誘導を考えない。考えなくても当選した。人々は斎藤が橋一本すらかけなくても、『先生、国家のために頼みますわ』と、手弁当で雪の中を走り回る。但馬人気質に斎藤は支えられた」と指摘する。

選挙での支持の見返りに橋、道路などの建設を期待する利益誘導システムは、戦前から日本の政治とは切り離せない。とくに戦後は補助金をてこに、顕著になった。この構図を改めることは九〇年代の政治改革の大きな課題でもあったが、なお利益誘導政治は幅をきかせている。

今では想像もできない軍部の抑圧による体制下で、主張を曲げなかった斎藤と、それを支えた但馬の人々の関係は、政治家と有権者のあるべき姿を示しているようにも見える。

今日、そんなたたずまいの政治家は何人いるだろうか。

〔10〕本運動の綱領は大政翼賛の臣道実践

近衛文麿　一九四〇年（昭和一五）

一九四五年一二月一六日未明、戦前に三度首相をつとめた近衛文麿《このえふみまろ》（一八九一～一九四五）が自宅で服毒自殺を遂げた。五四歳。連合国軍総司令部（ＧＨＱ）から、戦犯容疑で逮捕指令が出て、巣鴨拘置所に出頭を命じられた日だった。

二男の通隆さん（東京都杉並区在住）は、同日午前二時過ぎまで近衛と話し込んだ。近衛は、近衛家に生まれたものは「国体護持」に努めなければならないと言い、鉛筆で一文を書いた。

「僕は支那事変以来多くの政治上過誤を犯した。深く責任を感じているが、所謂《いわゆる》戦争犯罪人として米国の法廷で裁判を受けることは耐え難いことである……」

政治上の過誤とは何か。

天皇家とのゆかりも深く、聡明で知られた近衛が、首相になったのは三七年六月。盧溝橋で日中両軍が衝突し、日中戦争が始まったのはその一か月後だ。

近衛は、「国民政府を対手《あいて》とせず」との声明を発し、和平の道を自ら閉ざす。意図しなかった長期戦に踏み出す一方、国家総動員法で戦争体制を築いた。

近衛は、日中戦争を収拾するには、軍部を抑えるうえで既成政党とは違う新勢力が必要と考えた。四〇年七月、再び首相となった近衛は、大政翼賛会の結成に熱を入れる。

親軍派を抱え、主体性を失った社会大衆党、政友会など政党は近衛の「新体制運動」に期待し、第二次近衛内閣発足前後に「バスに乗り遅れるな」とばかりに解党した。軍部も人気のある近衛を利用したかった。

近衛のブレーンで東大教授の矢部貞治は、近衛の伝記に「自らは何の実力も持たず、諸勢力を媒介し、操縦することによって勢威を保ってきた公卿政治の伝統とも言えたかもしれぬが、対立抗争の諸勢力をともかく同一の傘下に収め得たのは近衛の無性格のおかげであり、比類のない彼独特の個人的魅力によるものであった」と書いている。

大政翼賛会は、総裁近衛のもと、

自宅（荻外荘）での近衛文麿氏（1945年晩秋）

顧問に東条英機ら、総務には永井柳太郎、中野正剛ら雄弁家も名を連ねた。組織、政策、企画など五局で構成、都道府県、市町村に下部組織を置いた。しかし、軍、官僚、財界、政党人の寄り合い所帯で、たちまち思惑の違いが表面化。近衛のやる気もそう間を置かず、うせていった。

一〇月一二日、首相官邸大ホールで開かれた発会式で近衛は「大東亜の新秩序を確立すると共に、進んで世界秩序の建設に邁進《まいしん》致さねばならない時が参りました。わが大政翼賛の運動こそは、古き自由放任の姿を捨てて新しき国家奉仕の態勢を整えんとするものであります」として、「本運動の綱領は大政翼賛の臣道実践ということに尽きる」と語った。矢部は、会衆が、この言葉にあぜんとし、拍手を送ったのは観念右翼だけだとしてこう書く。「政治力を結集して軍部に対抗しようという熱意はすでにほとんど認められなかった。大政翼賛と臣道実践という観念的御題目を並べたに過ぎなかった。新体制は、実質的には生まれると同時に死んでいたと言うべきである」

結局、翼賛会は、四一年四月の改組時に国会議員が脱会し、行政の補助機関的なものになった。

「軍部の強大な力などもあり、だれが首相を担当しても国民組織の結集は難しかっただろう」（升味準之輔都立大名誉教授）とも言える。近衛自身、後に「国民組織に対する十分なる構想がまとまらぬ内に再び組閣することになった。のみならず国民組織が完成し、その組織の上に内閣が出来る順序のものが内閣が先に出来てしまい、勢い官製の、従って国民世論とは全く離れた翼賛会が出来上がってしまった」（手記『失はれし政治』）と述懐している。

近衛の孫が、細川護熙元首相である。細川氏は九二年に日本新党を旗揚げして政界に新風を吹き込み、九三年八月九日、非自民非共産連立政権の首相に担がれ、政権交代を実現した。が、政権内の混乱と、東京佐川急便からの一億円借り入れ問題でわずか八か月で政権を投げ出した。

日中文化交流を促進する財団法人霞山会会長の近衛通隆さんは、こう語る。

「近衛が志半ばで自殺に追い込まれたので、細川はもしやれるならばと思ったかもしれない。高い人気と地位に執着しない点で二人は似ている。が、細川の時代は、軍部があったわけではないし、もう少し踏んばれなかったのかと思いましたよ」

死を選んだ雄弁家の思い

〔11〕天下一人を以て興る

中野正剛　一九四二年（昭和一七）

一九四二年一一月一〇日午後三時、早大大隈講堂を三千人を超える学生が埋めた。講師は東方会総裁の中野正剛（一八八六〜一九四三）、五六歳。

当時、日本はミッドウェー海戦で敗北、戦局は悪化していた。中野は、東条英機内閣がこれを隠し精神力の発揚を強調していることを警告し、「魂だけでは勝てませぬ」と官僚統制と翼賛体制を非難した。戦地に赴く学生も多かった。最後に、こう語った。

「便乗はよしなさい。役人、準役人にはなりなさるな。日本には革新的飛躍がいる。政治が面白くないから黙っていようというのは衆愚のことだ。諸君が立ち、直ちに暁鐘《ぎょうしょう》を撞《つ》けば皆醒《さ》めることは必定《ひつじょう》である。言論のみでは勢いを制することは出来ぬ。だれか真剣に立ち上がると天下はその一人に率いられる。天下一人《いちにん》を以《もっ》て興《おこ》れ。これが親愛なる諸君に切望するところである」

この講演の翌四三年、中野は首相推薦に力のあった首相経験者と枢密院議長らに働きかけ、東条退陣と宇垣一成元朝鮮総督の擁立による戦争終結を目指すが、失敗。一〇月二一日、東方会は警視庁の一斉

演説する中野正剛東方会総裁（1941年ごろ撮影＝中野泰雄氏所蔵）

検挙を受けた。同月二七日午前零時、中野は自宅で憲兵の監視下、日本刀で腹を切った後、頸《けい》動脈を一突きし、壮絶な死を遂げた。

そばの机の上には西郷隆盛の伝記が開いてあった。

早大生として父の講演を聞いた四男の泰雄・亜細亜大名誉教授は、自決の夜、父の真上の部屋にいた。

「憲兵が言いがかりをつけたとか、憤死との解釈もある。だが、父は西郷の生き方、死に方を理想としていた。死ぬことで開戦の責任をとり、世の中の変化を促進できる、今が死に時と思ったのかもしれません」

中野は激しさが持ち味だ。朝日新聞記者時代は憲政擁護運動に加わり、三四歳で衆院議員に転身。議会中心主義を掲げ民政党結成に参加した。二九年一月の衆院予算委員会では前年六月の関東軍による張作霖爆死事件をめぐって田中義一首相の責任を追及、立ち往生させた。

戦後、厚相などを歴任した川崎秀二は、著書『憲政に光を掲げた人々』で、「広言美辞の永井(柳太郎)に対し、舌端火《ぜったんか》を吐いて具体政策に及ぶ中野は数千の聴衆を動員する力で優っていた。千万人といえども我往かんの気概こそ中野のオリジナリティ」と評した。

雄弁ぶりをほうふつとさせるエピソードがある。川崎がNHKにいた三七年の暮れ、ラジオ放送のため、愛宕山のスタジオを訪れた。中野は、聴衆がいないことから「おれは立って演説しないと気合が入らぬ。聴衆を一〇数人入れてくれ」。川崎らが同僚とともに入ると、「これで良い」と、熱弁を振るったという。

その中野には、もう一つの顔がある。民政党脱退(三一年)以降のヒトラー礼賛である。

中野と同郷(福岡)で親友の緒方竹虎(戦後の自由党総裁)は中野の黒い制服、ハーケンクロイツ風の徽章《きしょう》、ヒトラー、ムソリーニとの会談など「すべて憑《つ》き物がしたとしか思えなかった」と著書『人間中野正剛』に書いた。東大教授丸山真男も、論文『戦前における日本の右翼運動』で、中野を「伝統的な右翼のベテラン」として赤尾敏らと同列に扱った。

ヒトラーを英雄視し、太平洋戦争開戦も否定しなかった中野が、なぜ死を賭《と》して東条と戦ったのか。

昨年秋、中野の評伝を上梓した早大の室潔《むろきよし》教授(ドイツ政治史)は、ナチスが国民運動を展開して合法的に台頭した時期と、中野が民政党に失望し、国民同盟や東方会結成など小政党による「国民的政治力」の結集と政治刷新を目指した時期が重なる点に着目して、こう謎《なぞ》を解く。

「中野は英首相チャーチルや仏首相クレマンソーも評価した。ヒトラーの実像を見誤ったのは確かだが、今日から見てのナチズムに傾倒したわけではなく、指導力と大衆を政治に引きつける手法を日本で使おうとした。軍事力行使だけで政治のない東条ではだめだと思い行動し、敗れた時、死を選んだことは、中野の生き方を最も象徴している」

大衆を導こうとする以上、その結果に責任を持つ――中野の政治姿勢には、今にも通じるものがある。

第四章　占領から再生へ

「一億総ざんげ」という言葉は、終戦直後の一九四五年（昭和二〇）八月二八日、東久邇稔彦首相が、内閣記者団との記者会見で「この際私は軍官民、国民全体が徹底的に反省し、懺悔しなければならぬと思う。全国民総懺悔することがわが国再建の第一歩であり、わが国内団結の第一歩と信ずる」と語ったことによる。

米国占領下で花開いた議会制民主主義と新しい憲法のもとで日本再生に向けた道のりがスタートした。日本社会党、日本自由党、日本進歩党など相次いで政党が結成され、政治は激動期に入った。

ＮＨＫは四六年四月の戦後初の衆院選で、初めて各党の代表による選挙放送、政見放送を始めた。五三年からはテレビの本放送も始まり、政治が映像として流れるようになった。

一方、中華人民共和国が四九年に成立し、米ソの東西冷戦は次第に激しさを増していった。

五一年九月八日、日本は米英など西側とのサンフランシスコ講和条約を締結し、同時に米軍の日本駐留を認める日米安全保障条約も結んだ。西側の一員として国際社会へ復帰するという決断は、「吉田茂が彼の最高の情熱を傾けた戦後処理という仕事の総決算」（高坂正堯『宰相吉田茂』）であった。

〔1〕謂わば天皇を以て憧れの中心として

金森徳次郎　一九四六年(昭和二一)

戦争に敗れた日本政府、支配層にとって、国体護持、つまり明治憲法が基本としてきたような天皇制の維持が、最大の課題だった。

明治憲法の改正案が衆院本会議に上程された一九四六年六月二五日。自由党の北昤吉(戦前の右翼思想家・北一輝の弟)は質問に立ち、憲法改正案が国体を変革するものではないことの確認を求めた。

憲法担当相の金森徳次郎(一八八六〜一九五九)はこう答えた。

「日本の国の特色とでもいうべきものは何であるかといえば、我々の心の奥深く根を張っている所のその心が、天皇との密接なるつながりを持っておりまして、謂《い》わば天皇を以《もっ》て憧《あこが》れの中心として国民の統合をなし、その基礎において日本国家が存在していると思うのであります。国体はいささかも変わらないのであって、たとえば水は流れても川は流れないのである」

明治憲法では、天皇は神聖な存在で統治権を総攬《そうらん》(一手に掌握)した。

連合国の中には天皇制廃止を求める国もあったが、連合国軍最高司令官のマッカーサーは天皇制を日本の統治に利用しようと考えた。マッカーサー草案をもとに作成された憲法改正案は、天皇を「日本国の象徴」として天皇制の存続は認め、主権の存在を明記しなかった。

国体護持派の保守議員をどう説得するか――金森と当時の内閣法制局の幹部たちは議会開会前に知恵を絞り、おおむねこう整理した。

一、天皇が政治権力を握ることを国体とする考え方があるが、これは「政体」に着眼しての考え方だ。

一、国体とは、国家の個性、根本的な特色を言う。天皇を中心に国民が結びついているという特色は改正で変わるものではない。

一、したがって、主権在民で政体は変わるが、国体は変わらない。

国体が変わらないことを説明するキャッチフレーズが「憧れ」であった。

発案者である内閣法制局の次長

第90回臨時帝国議会の衆院本会議で、
憲法改正案について答弁する金森徳次郎氏

（後に長官）佐藤達夫は、「はじめ〝天皇を媒体として〟とやっていたのを〝天皇を敬愛の的として〟というように変えてみた。しかし、これでは、ちょっと色が出過ぎないか」という議論があって「いわば憧れ」に落ち着いたと書いている（『日本国憲法誕生記』）。金森はこの「憧れ」を答弁で多用したため「憧れ大臣」とも称された。

論議の過程で国民主権を明示する修正が行われた。政体は大きく変わったが、国体は変わらないとする金森の説明は、なかなか理解を得られない。

貴族院の審議中、金森に一枚のメモが届いた。

「金森は二刀流なり国体を変えておきながら変わらぬと言う」

金森のいう理屈を「二刀流」と、皮肉ったもので、作者は貴族院議員で作家の山本有三と言われる。金森は、閣僚席で「名人の刀二刀のごとく見え」と返句を書いてみせた。

憲法制定過程に詳しい西修駒沢大教授は「『憧れの中心』という表現は、明治憲法から現行憲法に変えるための苦心の産物。新憲法での天皇の地位をシンボリックに表している」と指摘している。

金森は岡田啓介内閣での法制局長官。政治家ではなく、法律家として腕を買われ、憲法議会の直前に憲法担当相となった。暑い夏の盛り、戦災にあった金森は、借り着の冬のモーニングを着て、汗をふきふき当意即妙に答えた。答弁回数は千数百回、一回の答弁一時間半という記録も作った。

二〇〇〇年の通常国会で衆参両院に憲法調査会が設置された。改憲、論憲、護憲と各党が見解を異にし、そして各党内でも異なる立場の主張が交錯している。

天皇制についてはそう議論があるわけではない。「明治憲法に帰れということはもうないが、象徴天皇制に至る議論の過程は、検討したいと思う」(葉梨信行自民党憲法調査会長)といったところだ。

とはいえ、森喜朗首相の「神の国」発言(第六章参照)に対し、野党が一斉に「憲法の主権在民から逸脱している」と批判したように、ある意味では憲法制定時の論議の根っこがまだ残っていることを示している。

〔2〕愛される共産党

野坂参三　一九四六年(昭和二一)

「民主戦線今や成る!」(読売報知)、「新たな愛国戦線へ　危機打開に大衆の結束」(朝日新聞)

こんな見出しが、終戦後間もないころ新聞の一面トップを飾った。

一九四六年一月二六日、東京・日比谷公園で開かれた野坂参三(一八九二〜一九九三)の歓迎国民大会を伝えた記事である。一六年に及ぶソ連、中国などの亡命生活から帰国した野坂を数万人が迎えた。

後に野坂の自伝執筆を手伝った犬丸義一・元長崎総合科学大教授は言う。

「野坂さんは、戦前から日本人民戦線を指導したことがあるから、人気があった。まさにスターだ。当時、ニュース映画で見た、この大会の『人民戦線を作らなければならない、今こそ団結すべきだ』という演説を鮮明に覚えている」

一九二二年(大正一一)に結成された共産党は、戦前、戦中を通じ弾圧された。それが戦後の民主化に伴い、公然とした活動が認められるようになり、終戦直後は天皇制打倒、民主革命を訴えて大衆運動を組織、闘争を強めていた。その中心が、獄中一八年の書記長徳田球一、中央委員(党機関紙部長)志賀義

1975年3月19日の都知事選告示日。左から成田知巳社会党委員長、美濃部亮吉候補、野坂参三共産党議長、竹入義勝公明党委員長（東京・渋谷で）

雄らで、そこに野坂が加わった。

野坂のキャッチフレーズが「愛される共産党」だ。大会に先立つ一四日、党本部での帰国あいさつで、野坂は、戦前の共産党が「セクト的な宗教的なやり方・傾向」が強く、大衆から孤立していたと指摘。「共産党は本当の政党になり、日本の政治を動かすようにならなければならない。日本の大衆、人民から愛され、支持される党でなければならない。共産党の名前を聞いて逃げだすような党ではだめだ」と語った。

野坂自身、こう述懐している。「当時、日本では愛情が欠けていた。殺伐な、虚無的な状態だった。愛ということばは、非常に新鮮な感じを与えた」（七一年九月六日『赤旗』）。

野坂は天皇制廃止は日本の国民には受け入れられないと考え、天皇退位論を唱えた。このため徳田らは、天皇制廃止を掲げながらも、天皇、皇室の存続は国民投票にゆだねるという妥協案を採った。この背景には、ソ連の影響があった。共産党史に詳しい一橋大の加藤哲郎教授は「野坂は帰国前、共産党の方針をスターリンとも打ち合わせていた。だからこそ、徳田も妥協した。ポツダム宣言を受けての民主化、非軍事化を共産党が実践し、GHQの改革派とも接触していた」と指摘する。

野坂は、平和的に民主主義革命を達成しうるとする平和革命論を唱えた。

ところが、米ソ冷戦が激化すると、今度はソ連の批判の的になる。五〇年一月、ソ連共産党の指導下にあった国際共産主義運動の総本山コミンフォルムは野坂の平和革命論を批判し、党内が割れた。六月には、共産党勢力の増大に危機感を覚えた連合国軍総司令部（GHQ）は党中央委員の公職追放を指令した。徳田、野坂らは北京に亡命し、平和革命論を捨て、武装闘争による革命路線に走っていった。

五五年に一定の団結を回復した共産党で、実権を握ったのは中ソの共産主義とは一線を画す「自主独立」を掲げた宮本顕治・現名誉議長だ。

野坂は議長、名誉議長とポストを上りつめた。が、九二年、ソ連共産党の保管文書から、野坂が戦前、同志を密告し、銃殺に至らしめたとされる手紙が見つかった。野坂は同年除名され、九三年一一月に、一〇一歳で亡くなっている。

共産党は、不破委員長―志位書記局長体制から二〇〇〇年一一月二四日の第二二回党大会で、不破議長―志位委員長体制に変わった。党の規約から「社会主義革命」「前衛政党」などの文言を削除し、柔軟路線を推進している。

だが、支持の拡大にはなお壁がある。

この点で野坂が唱えた「愛される共産党」は、今もなお生きる命題だろう。

『歴史としての野坂参三』の著書がある和田春樹東大名誉教授は、「野坂問題は日本共産党とソ連、中国との関係の問題を象徴している。共産党が民主党と政権を組もうというなら過去を整理してどこに問題があったのか国民に説明し、そこは変える必要がある」と指摘している。

〔3〕青い鳥は何処かにいるに違いない

片山　哲　一九四九年(昭和二四)

神奈川県藤沢市の新興住宅街にある湘南大庭市民図書館。新憲法施行後初の首相で、史上初の社会党首相となった片山哲(一八八七〜一九七八)の蔵書、原稿など約二八〇〇点が納められている。中に、メーテルリンクの童話『青い鳥』とともに自著『青い鳥を求めて』があった。

この本は、片山が首相退陣後の一九四九年に著したもので、同年五月末から約三か月間の欧米訪問記だ。六月三日、ニューヨークで片山は「私は、今、チルチル、ミチルの心持ち」としてこう書いている。

「民主主義、平和主義を生かしてくれる青い鳥を探しに、慣れない空の旅を強行している。青い鳥は何処《どこ》かにいるに違いない」

片山にとって青い鳥とは何だったのだろうか。

戦前の無産運動から政界入りした片山は、四五年一一月に結成された日本社会党の初代委員長。食糧不足インフレ、失業者続出と生活が苦しかった当時、社会党は期待を集め、四七年四月、戦後二回目の衆院選で一四三議席を獲得、第一党に躍り出た。予想外の勝利で同党書記長(片山内閣の官房長官)西尾末広は、記者団に思わず口走った。

「えらいこっちゃ」

実際、大変だった。連立協議は難航した。第一党の自由党(総裁吉田茂)はお手並み拝見と、下野した。片山は、民主党(総裁芦田均)、国民協同党(書記長三木武夫)と連立を組むが、首相になっても組閣できず、九日間全閣僚を兼任するという波乱含みの船出だった。

首相に選ばれた片山哲社会党委員長は組閣のため首相官邸に入った(1947年5月24日)

六月一日、ラジオ放送で片山は、新憲法を生かした政治を進めることを強調、「国民諸君に対し、民主主義平和国家、文化国家の国民としての精神革命を要望する」と訴えた。

民主化は連合国軍総司令部(GHQ)の意向でもあった。片山内閣は内務省解体、民法改正などを推進した。耐乏生活を実践しようと全閣僚が閣僚としての給料を受け取らなかった。宴会費、交際費を廃し、閣議は全員が弁当を持参した。

だが、社会主義的な政策だった炭鉱の国家管理は、民主党の反発で、社会党の思うようにならない。さらに右派の平野力三農相がGHQの要求もあって罷免された事件などを契機に、社会党の左右対立が激化し始める。

片山はリーダーシップを発揮せず、時に〝グズ哲〟と呼ばれた。秘書官を務めた息子の清水純さん（東京・世田谷在住）は述懐する。「父はグズ哲といわれるのが一番いやだった。『僕がぐずぐずしてなかったら党はすぐ分解してしまう。何回も何回も執行委員会を開いて、ここだという時にパッと決めるとまとまるんだ』と言っていた」

とどめを刺したのは、四八年二月五日の衆院予算委で、鉄道運賃などの引き上げを財源に生活補給金を支給するという補正予算案が事実上、否決されたことだ。同委員会の委員長は、同案に反対する社会党左派の実力者・鈴木茂三郎だった。

『青い鳥を求めて』で、欧米視察から帰国した片山は「私は青い鳥を探したが、やはり手近にあった。すなわち我々国民が国情と歴史とにより創造する新しい『社会民主主義』である」と希望を込めて語っている。が、社会党は社民主義に転換出来なかった。後に片山は離党、民社党の結党に参加し最高顧問に就いた。

社会党での片山内閣の評価は「期待が大きかっただけに極端にイメージを悪くした党は、その後長い間、国民の信頼を回復出来なかった。政権担当能力すら疑われることになった」（石橋政嗣回想録『五五年体制』）ともっぱら否定的だ。

一方、片山内閣を研究している福永文夫姫路独協大学教授は「GHQ民政局次長だったケーディスは民主化達成のために片山内閣が最も優れていたと語った。片山は、民主化を与えられたものとしてではなく、新憲法のトップランナーとして積極的に担った」と見る。

九〇年代、欧州では社民主義政党を中核とする中道左派政権が続々と誕生した。日本では、社民党は凋落《ちょうらく》傾向をたどり、民社党も姿を消している。片山の夢見た青い鳥は、いまだに見えてこない。

〔4〕曲学阿世の徒

吉田　茂　一九五〇年（昭和二五）

一九四九年九月二三日、ソ連が原爆を保有していることが明らかになった。一〇月一日、毛沢東は中華人民共和国の成立を宣言し、ソ連と接近する。五〇年一月、米大統領トルーマンは水爆の開発を命じた。

既に世界は米ソ対立を軸とする冷戦時代に入っていた。その中で、起きたのが首相吉田茂（一八七八〜一九六七）と東大総長南原繁による「曲学阿世」論争だ。

南原は同年三月二八日、東大卒業式の講演で、「（吉田内閣が進める西側とだけの単独講和は）変移する国際情勢の現実にかえって目を覆うものと言わなければならぬ。我が国の中立的性格を放棄し、その瞬間に敵か味方かの決断をあえてすることとなり、我が国はもちろん、世界を再び戦争に追いやる動因となる」と批判、ソ連など社会主義国も含む全面講和を結ぶべきだと呼びかけた。

講和問題は既に大論争になっていた。岩波書店の吉野源三郎ら文化人、学者による平和問題談話会が、日本を冷戦に巻き込むべきではないと全面講和を主張。南原も、東大での講演に先立ち米国で全面講和

対日講和条約の調印式で署名する日本首席全権の吉田茂首相（サンフランシスコで、1951年9月8日）

を唱えるなど発言を強めていた。

吉田は、こうした言動を苦々しく思った。五月三日、自由党の両院議員総会で、秘密会にするよう求めて名指しで批判した。

「永世中立とか、全面講和などということは言うべくして到底行われないことだ。それを南原東大総長などが、政治家の領域に立ち入ってかれこれ言うことは曲学阿世《きょくがくあせい》の徒に外ならない」

曲学阿世とは、学問上の真理を曲げて権力者や世間に気に入られようとすることをいう。

吉田の発言が一部に報じられると、南原は六日に記者会見し、「全面講和は国民の何人もが欲するところであり、それを理論づけ、国民の覚悟を論ずるは政治学者の責務だ。曲学阿世の徒の空論として封じ去ろうとするところに民主政治の危機がある」と反論。自由党幹事長佐藤栄作は、「現実問題として講和をとりあげている。象牙《ぞうげ》の塔にある南原氏が政治的表現をするのは日本に有害」と応じた。

吉田はこのころ、重要な時期を迎えていた。講和に関する米側の感触を探るため、蔵相池田勇人を訪米させていたのだ。池田の秘書官だった宮沢喜一蔵相の著書『東京―ワシントンの密談』によると、池田は五月三日、ワシントンで陸軍省顧問ジョセフ・ドッジと会談し、「早期講和を希望する。講和条約ができても、日本及びアジアの安全保障のため、米軍の日本駐留の必要があるだろうが、米から申し出にくいなら日本から申し出るような持ちかけ方を研究してもいい」との吉田構想を打診した。

曲学阿世論争は、知識人の政治的発言と政治家の反発という構図だ。が、五十嵐武士東大教授は「占領下だったことを理解する必要がある。吉田は占領を早期に、しかも日本に有利な形で終わらせたかった。南原は、学生を戦場に送り出した世代であり、極論を提起して論議を深めることは意義があった」と指摘する。

五一年九月八日、吉田はサンフランシスコで首席全権として西側四八か国と講和条約に調印し、日米安全保障条約も結んだ。条約締結を願って葉巻断ちした吉田が宿舎に戻ると、テーブル上に極上の葉巻一箱があった。贈り主は講和会議議長ディーン・アチソン。同行した福永健司(後の衆院議長)によると「さすがの吉田さんも感に堪えぬ面持ちであった」という。

講和条約後、日本は平和を維持、高度経済成長を実現した。吉田の孫の麻生太郎元経企庁長官は、「吉田の最大の功績は西側陣営を選択したことであり、この決断は大きい。当時は学習院でさえ『世界はゆっくり社会主義に進む』と教えていた」というが、吉田の選択が経済大国と言われる今日の日本を築いたことはだれもが認めるところだろう。リーダーとしての吉田の在り方は、冷戦終結後の現代にも通じるものがある。

京大教授高坂正堯は「われわれが彼から学ぶべきであるのは、彼の作った体制ではなくて、彼が体制を作ったということである。とくに、あの激動の時代において、まったく微々たる国力にもかかわらず、彼が一つの生き方を日本に与えることができたという事実である」(『宰相吉田茂』)と書いている。

〔5〕五人や一〇人倒産し自殺しても国民全体の数から見れば大したことはない

池田勇人　一九五〇年(昭和二五)

東京・信濃町の元首相、池田勇人(一八九九〜一九六五)邸の中庭に四〇センチ大の地蔵のような石がある。池田が、吉田茂の怒った顔に似ていると吉田の首相退陣後、京都の植木屋で見つけてきた。

「池田は『怒るとこんな顔ですよ。怒らないで下さいよと言って吉田さんに贈った』とうれしそうでした。吉田さんの死後戻ってきたこの石は、池田と恩人の吉田さんをともに偲《しの》ぶものとして大切にしています」(池田夫人・満枝さん)。

池田は吉田に引き立てられた。大蔵事務次官を経て四九年一月の衆院選に出馬、初当選した池田を、吉田は、いきなり蔵相に抜てきしたのだ。ジョセフ・ドッジGHQ(連合国軍総司令部)経済顧問が打ち出した、国民に耐乏生活を強いる経済の立て直しが最大の課題だった。ひどいインフレで、国民生活は苦しかった。池田は、公共事業や補助金などを抑えた緊縮予算を組んだ。資金不足で中小企業が倒産した。

一九五〇年三月二日付け読売新聞朝刊に「池田さんと金詰まり問答」との見出しで記者団との一問一答

が掲載されている。

記者団「中小企業は苦しんでいる。銀行が融資するのは大企業ばかりで中小企業にはほとんど金が回らない」

池田「中小企業の経営が最近特に厳しくなったことは認める。しかし、ドッジ・ラインという大きな安定政策のために一度は通らなければならない関門だ。信用がなくて銀行から金を借りられないのは経営者の責任で、政府の責任ではない。そのため企業がつぶれても仕方がない」

記者団「三月危機についてどう考えるか」

池田「五人や一〇人倒産し、自殺しても国民全体の数から見れば、大したことはない。今は企業の整理期で財政事情を変える時ではない」

野党の社会党や民主党は一斉に反発し、四

記者会見する池田勇人首相(1964年6月1日)

日の衆院本会議に池田蔵相兼通産相の不信任案を提出。与党自由党内にも責任を問う声があったが、吉田はこれを抑え、不信任案は否決された。

池田はこの後も、参院予算委で米価に関する質疑の中で「所得の少ない人は麦を多く食う、所得の多い人は米を食うというような、経済の原則に沿ったほうへ持っていきたい」と答弁、これが「貧乏人は麦を食え」との放言第二弾となった。

言いたい放題の池田が政策を断行できたのは、庇護《ひご》者・吉田の存在が大きい。

ただ、五二年一一月の衆院本会議では、再び過去の発言を取り上げた野党に対し、当時、通産相だった池田は「ヤミその他の正常な経済原則によらぬことをやっている方がおられた場合において、それが倒産をし、しこうしてまた、倒産から思い余って自殺するようなことがあってもお気の毒だが、やむを得ないということははっきり申し上げる」と発言、与党で反吉田派の造反もあり不信任案は成立した。

当時、経済記者で、その後池田の秘書となった伊藤昌哉さん(政治評論家)が言う。「池田さんは非常に正直で、自分の経済哲学を語ったんです。中小企業の放言も記者団が、池田は単純だからと誘導尋問した。だが、真理でも表現によって相手を殺すことになる。池田さんは自分に足りない所があると反省し、私を使ったのだと思いますよ」

日本経済は、朝鮮戦争特需を機に立ち直り、六〇年七月に池田が「所得倍増論」を掲げて首相に就任した前後から高度成長を遂げた。

神戸大の五百旗頭真教授がこう指摘する。

「吉田が敷いたレールを池田が定着させた。国民の共同目的を経済的発展に設定し、池田は経済外交を実践した。ドゴール（仏大統領）には『トランジスターのセールスマン』と言われたが、外交文書を見ると、池田は首脳会談を立派にこなし、大統領に中国問題を教えている。ドゴールはそのカムフラージュのために『トランジスター……』などと言ったのでは」

吉田、池田らの経済重視路線は、戦後日本の発展と先進国入りをもたらした。反面、高度成長は、公害などのひずみも生み、バブルを引き起こした。「池田以後、予算を増やし、全体のパイを拡大すれば国民が助かるという論理で貫かれ、安易な財政出動を許した。犠牲を伴うことに目を背けた結果、構造改革や規制緩和が遅れた」（元『東洋経済新報』編集局長の勝又壽良・東海大教養学部長）との指摘もある。

小泉内閣は痛みの伴う構造改革に取り組んでいる。「今後二、三年を日本経済の集中調整期間と位置付け、短期的には低い経済成長を甘受しなければならない」（経済財政運営・構造改革の基本方針、二〇〇一年六月二一日）。経済が停滞し、不良債権処理で雇用への影響も避けられないが、大胆な改革を実行できるだろうか。

「私はウソは申しません」も池田の言葉である。

〔6〕日本人は一二歳の少年

ダグラス・マッカーサー　一九五一年(昭和二六)

東京・有楽町の第一生命館の六階に、その部屋はあった。

壁は米国産のくるみの木、床は寄せ木細工、約一六坪の部屋の中央に、大きな机と、色あせた革張りのイス。一九四五年九月から約五年八か月、日本の最高権力者だった連合国軍総司令部(GHQ)総司令官、ダグラス・マッカーサー(一八八〇〜一九六四)の執務室は、当時のまま保存されている。この部屋で、マッカーサーは日本に何を残そうとしたのだろうか。

二〇〇〇年五月に刊行された『吉田茂=マッカーサー往復書簡集』(編訳・袖井林二郎法政大名誉教授)は、片山哲、芦田均、吉田茂の三人の首相とマッカーサーとの書簡外交の実態を浮き彫りにしている。「とくにここから見てとれるのは、改革をなきものにしようとする吉田の数多くの努力に対し、総司令官がどのようにブレーキをかけたかということである」(カナダのジョー・B・ムーア・ビクトリア大教授の同書序文)。

天皇制は維持しつつ、憲法改正、財閥解体、農地改革と、あらゆる分野で民主化が進んだ。占領下、

東京・赤坂の米国大使館にマッカーサー連合国軍総司令官を訪問した昭和天皇。天皇の礼服に対しマッカーサー元帥はノーネクタイの軍服で、この写真は当時の日本人には衝撃だった（1945年9月27日）

マッカーサーの力は強大だった。吉田は時に抵抗しながらも、マッカーサーの力を借りて国策を推進した。『マッカーサー回想記』には「私が一貫して、時には自分の代表する諸大国に反対してまでも日本国民を公正に取り扱うことを強調していることがわかってくるにつれて、日本国民は私を征服者ではなく保護者とみなし始めた」とある。マッカーサーの離日（五一年四月一六日）直後の読売新聞世論調査では、国民の九割以上が業績を評価した。

だが、マッカーサーが帰国後に語った言葉が、日本人に冷水を浴びせた。五一年五月五日、米議会上院軍事・外交合同委員会聴聞会で、こう語ったのだ。

「仮に、アングロサクソン族が科学、芸術、神学、文化の点で四五歳だとすれば、ドイツ人はそれと全く同じくらいに成熟している。しかしながら、日本人は、時間で計った場合には古いが、まだまだ教えを受けなければならない状態にある。現代文明の基準で計った場合、彼らは、我々が四五歳であるのに対して、一二歳の少年のようなものでしょう」

袖井教授は、「一生懸命、民主主義を勉強した日本人は、ほめられるかと思っていた。日本の将来性を語ったと考えれば良かったが、そう受け止めた日本人は少なかった」と言う。

占領期に外交官などで五年間滞日したリチャード・B・フィン元米国務省日本部長もこう書いている。

「マッカーサーは西欧的概念や制度が日本にとっては相対的に新しいと言おうとしたつもりだった。ところが日本では、この不用意な発言が、日本人の精神的な発育度は一二歳くらいにしか達していないという意味にとられてしまったのだ。この言葉は日本人を怒らせ、元帥の名声を台無しにした。一人の人間としての彼に対する尊敬の念は急速にしぼんでいった」(『マッカーサーと吉田茂』)。

当時、最高裁長官、都知事ら各界の名士によるマッカーサー記念館の建設運動が起きていた。が、この言葉を機に国民のマッカーサーへの思い入れは薄れ、募金も思うように集まらず、やがて立ち消えになった。

「一二歳発言」に先立つ四月一九日、上下両院合同会議での演説で、マッカーサーは、「老兵は死なず、ただ消えゆくのみ」と語る一方、「私は日本ほど安定し、秩序を保ち、勤勉である国、日本ほど人類の前進のため将来建設的な役割を果たしてくれるという希望の持てる国をほかに知らない」とも語っている。

その期待通り、日本は高度経済成長を実現し、先進民主国家となった。民主化の度合いも少年から大人に成長したと言えるだろう。

だが、政治の分野では、汚職事件など腐敗が後をたたず、不透明感をぬぐえない。形がい化した国会論議を再生させるための政府委員制度廃止、党首討論導入といった改革はまだ、始まったばかりだ。

経済のグローバリゼーションやＩＴ（情報技術）革命、少子高齢化の進展による社会の変化も、民主主義のありようとは無縁ではない。民主的な政治をより成長させていくことは、政治の課題であり続ける。

〔7〕青年よ銃をとるな

鈴木茂三郎　一九五一年(昭和二六)

朝鮮戦争が勃発《ぼっぱつ》したのは今から半世紀前の五〇年六月二五日。今ではもう語られることもなくなった「青年よ、銃をとるな。婦人よ、父を、兄弟を戦場に送るな」というスローガンが生まれたのは、朝鮮戦争のさなかだった。

五一年一月二一日、早稲田大の大隈講堂で開かれた社会党第七回大会の最終日。委員長に就任した鈴木茂三郎《もさぶろう》(一八九三～一九七〇)は、こう語った。

「資本家階級は、朝鮮の事変によって利得を上げて資本主義的な態勢を支えようとしたり、再軍備を主張しておるではありませんか。再武装を主張する当年六〇余歳の芦田均氏が鉄砲を持ったり、背嚢《はいのう》を背負うことはない。青年諸君はこの大会の決定を生かすために、断じて銃を持ってはならない。断じて背嚢をしょってはならない」

大会の決定とは、①ソ連など社会主義国も含む全面講和、②中立堅持、③軍事基地反対、④再軍備反対——いわゆる平和四原則のことを言う。米国は日本に再軍備を要求し、五〇年八月には自衛隊の前身である警察予備隊が発足していた。

社会党は、鈴木のもとで左派優位が決定的となる。日教組も「教え子を再び戦場に送るな」というスローガンを掲げ、「総評」(日本労働組合総評議会)は左旋回を強めていった。

鈴木の演説は、絶叫から静かな語りかけまで「七色の声」と称された。当時の秘書大下勝正・前町田市長は、「迫力十分で、会場は拍手にわいた。なまじ軍隊なんて持つべきではないというのは感情論じゃない。敗戦から学んだ現実論なんです。みな戦争で肉親に犠牲者を持ち、ひどい生活だった。演説に共鳴し党本部に入りたいと言ってきた青年もだいぶいた」という。

1952年1月、左派社会党第9回大会で演説する鈴木茂三郎委員長(『日本社会党歴代委員長の思い出』から)

鈴木は後に、このころを振り返り、親交のあった作家吉川英治から教わった「剣聖の無刀の構え」に影響を受けたと述懐している。

鈴木は、吉川に尋ねた。

《かつて坂本竜馬が京都で刺客団に遭遇した時、猫を抱いて刀も持っていなかった。竜馬は猫をあやしつつ、わざとその真っただ中を通り抜けたという話がある。竜馬のような心構えを作りあげ、世界の荒海を乗り切りたいがどうか》

吉川は、党大会直前の五一年一月一〇日付の書簡でおおむねこう答えている。

《おそらく史実ではない。国際的時局などの引用にはどうか。剣聖といわれるような人が究めた結果は無刀に尽きる。しかし、無刀の日本をこの国際危局の中に渾然《こんぜん》と現じていくことには、大変な難しさがある》

鈴木は、その難しい戦いを続けたいと書いている(『忘れえぬ人々』)。この思想は後の「非武装中立論」にもつながるものだ。

首相吉田茂が結んだサンフランシスコ講和(単独講和)、日米安全保障の両条約をめぐり、社会党は五一年一〇月の大会で左右に分裂する。左派社会党を率いた鈴木は、五五年の統一を経て六〇年の安保闘争のころまでの約九年間、委員長として社会党を指導した。「青年よ銃をとるな」という言葉は、自社二党が対抗する五五年体制を築くうえで社会党のバックボーンになった。

が、その後社会党は、西ドイツ社民党(SPD)が五九年のバート・ゴーデスベルク綱領を機にマルクス主義を脱し、現実路線に転換したのと対照的に左傾を強め、政権から遠ざかった。

この要因は様々に論評されているが、七〇年に東京・町田市長に当選、五期務めた大下さんはこう語る。

「身をもって感じたのは、党本部が、福祉や住民の健康といった身近な問題、自治体の問題を全党的に受け止めてくれなかったことです。『福祉国家は幻想であり資本主義を延命させるもの。国家体制打倒』と。自治体とか、地域という民主主義の基本のところで本腰を入れていなかった」

左派優位の社会党は、結局、時代の変化に適応力を欠いた。村山政権を経た現在、土井党首率いる社民党は「無刀の構え」の戦いを続けているようにも見える。

〔8〕委員長は十字架であります

河上丈太郎　一九五二年（昭和二七）

今年四月、九五歳で亡くなった、箱根のしにせ旅館「奈良屋旅館」の大女将《おかみ》・安藤兼子さんは、自民党の岸信介ら歴代首相と親しかった。その一方で社会党の元委員長河上丈太郎（一八八九〜一九六五）との縁も深い。戦時中、安藤さんの夫が河上の人柄にほれ込み、顧問弁護士になってほしいと言って宿泊代は受け取らなかったという。河上は、しばしば奈良屋を訪れ、読書にふけった。

河上と岸。対照的な二人には、旅館以外にも共通点がある。ともに戦後、公職追放を受けたことだ。二八年、初の普通選挙で、河上は日本労農党の衆院議員（兵庫一区）として政界入りし、後に麻生久率いる社会大衆党に入った。麻生は近衛文麿の新体制運動に共鳴、同党を解散した。ところが、新体制準備中に急死し、代わりに河上が大政翼賛会総務となる。「断ろうと思っていたが、同志たちから『こういう圧迫の時代には我々の身を守るためにもぜひ受けなければいけない』と口説かれたので、引き受けることにした」（『私の履歴書』）。翼賛選挙で推薦されたことも追放の理由となった。

一方、岸は東条内閣の商工相だった。A級戦犯容疑で逮捕、後に不起訴になったものの、追放（五二年に解除）の憂き目を見た。その二人が、五八年一〇月二九日、警察官の権限を強化する警察官職務執行法（警職法）案を論議した衆院予算委員会で約一時間にわたって対決した。河上は同法改正は憲法違反であり、解散し民意を問えと主張、「最後に岸君に訴えたい。私はその事実（追放）を生涯にとって最大の反省の機会と考えておる」と自らの〝心の傷〟に触れて語り始めた。

「憲法を守り通していくことが私が過去に犯した過失をおわびするものだと信じている。しかるに岸君自ら憲法改正論者という。大きな犠牲を出したおわびをして、岸君がその気持ちを持って政治をやることが、岸君を大きな政治家とならしむる道だと思う。岸君の友人として訴えたい」

右派社会党委員長就任のあいさつをする河上丈太郎氏
（東洋大学で、1952年8月26日、河上民雄氏所蔵）

翌日の読売新聞には「与党席も一瞬ヤジを忘れ、水を打ったような静けさの中に野党席から割れるような拍手が起こった」とある。

当時、社会党の政策審議会にいた藤牧新平・東海大名誉教授は、この質疑の直前、河上から「岸君と呼ぼうと思うがどうか」と聞かれた。「河上さんは旧制一高、東大で岸の先輩だが、総理を公然と君付けで呼ぶのに、ためらいがあった。用意した原稿にない質問で、迫力がありました」

河上がこのように語りかけた理由は何だったのだろうか。追放解除後の五二年八月二六日、東京・白山上の東洋大講堂で開かれた右派社会党大会での委員長就任演説にカギがある。

「民主社会主義の理想というものは苦難の道であることを各国の歴史が示している。（……）委員長は私にとって十字架であります。十字架を負うて死に至るまで闘うべきことを私は決意したのであります」

二階席で見守っていた息子の民雄・元衆院議員（東海大名誉教授）が言う。

「演説を聞き、泣き出す人がいっぱいいた。戦後の進歩派には『日本は負けたが自分は勝利者』という姿勢の人が多かったが、クリスチャンの父は、戦争を起こした過ちをいわば原罪として背負い続けた」

十字架委員長と呼ばれ、その人柄は党派を超えて敬愛された。宮沢喜一・元首相がこう書いている。

「駆け出しの議員であったころ、妻と汽車の展望車に乗ると、河上先生がおられた。私には『よう』といって声をかけられたが、妻にはわざわざ椅子《いす》から立って『河上です』と挨拶《あいさつ》された。このような無言の教えを先生から受けた人は数限りなくあったのではないかと思う」

とはいえ、指導者としてもの足りなさがあったことも否めない。社会党は五五年の左右統一後、日米安保改定を打ち出した岸政権と激しく対立した。が、右派は、柔軟路線の西尾末広が離党し民社党を結成（六〇年一月）。河上派の一部も西尾と行動をともにした。

六一年に河上は委員長に就く。書記長は、もともと左派の江田三郎だった。その江田が構造改革論を起こして党内右派となる。党は最左派の社会主義協会が実権を握り左傾化を強めた。

「無為にして化す」(為政者が特別なことをしなくても、自然にまかせておけば人民は感化されるとの意)という老子の言葉を好んだ河上だが、社会党を自分の理想とする道に導くには至らなかった。そんなところにも河上の苦悩があったようにみえる。

〔9〕戦力を持つ軍隊にはいたさない

吉田 茂 一九五三年（昭和二八）

神奈川県大磯町。潮風香る小さな町に、敷地約一万坪の旧吉田茂邸が、保存されている。ここに吉田は一度だけ防衛大一期生三人を招いた。首相を辞めた後の一九五七年二月のことだ。

そのうちの一人、元防衛大教授平間洋一さんがこう語る。「吉田さんは上機嫌で自衛隊への期待など二時間も話してくれました。帰り際に『君たちは国民から感謝されたり歓迎されることなく自衛官を終わるかもしれない。しかし、君たちが日陰者である時のほうが、国民や日本は幸せなのだ。ご苦労と思うが、国家のために忍び堪え、頑張ってもらいたい』と。私はこの言葉を胸に自衛官の道を誇りを持って歩んだのです」

吉田は、自衛隊にどんな思いをかけたのだろうか。

自衛隊の前身、警察予備隊が発足したのは、第三次吉田内閣当時の五〇年八月。朝鮮戦争の勃発《ぼっぱつ》直後だった。米国は同戦争を機に日本の再軍備要求を強め早期講和を図る。対日講和担当の大統領特使ジョン・ダレスが五一年一月に来日して行われた日米交渉は、難航した。吉田は、ダレスの再軍備要求を拒否したとされたが、後に、五万人の保安隊創設という事実上の再軍備を密約していたことが明らかになった。

吉田は、著書『回想十年』で「防衛努力につき、ダレス特使に対して何らの意思表示もしないで日米協定だけを纏《まと》めるという虫のいいことは到底見込みがないと考えた。そこで、警察予備隊や海上保安隊を充実増強して治安省といったようなもので統轄する案を出した。ダレス氏にある程度の満足を与えたようであった」と、これを示唆している。

吉田は五一年九月、防衛力の漸増と米軍の日本駐留を認める日米安保条約を一人で調印、五二年一〇月に保安隊を発足させた。「戦力なき軍隊」という矛盾した言葉が生まれたのは、自衛隊発足（五四年七月）前の五三年一一月三日の衆院予算委員会だ。

改進党幹事長松村謙三「自衛隊は、外国軍と戦う任務を持つ以上、軍隊と考えるべきだ」

吉田「軍隊という定義にもよるが、

談笑するダレス特使と吉田首相（1951年1月31日）

いかにしても戦力を持つ軍隊にはいたさないつもりであります」

松村「戦力とは何か」

吉田「近代戦を遂行しうる力と解釈している。戦力を有するような軍隊を持つことは憲法の禁ずるところであり、増強した結果、憲法改正を必要とする場合もあり得る。だが、現在はそれを考えていない」

吉田は経済復興を最優先とし、国内外の国民感情からも再軍備は出来ないと考えた。さらに、吉田の秘書官を務めた松野頼三・元防衛庁長官はこう証言する。

「吉田さんは戦時中、軍に迫害を受けたから、軍閥の復活を恐れたんだ。『今、軍隊を作ればすぐ旧軍が復活する。再び戦争になったら、何のために大きな犠牲を払ったか分からない』と。ただ、防衛は大事だとも年中言っていたよ」

防衛大学校創設者でもある吉田は、新しい軍隊の育成に熱を入れた。平間さんらを私邸に招いたのも吉田が「どんな学生ができたかね。学生と直接話をしたい」と望んだからだという。

安全保障を米国に頼り米軍駐留を認め、憲法は改正せず事実上の再軍備をするという吉田の「軽武装、経済優先」路線は、当時の国力、政治情勢を考えるとやむを得ない面もあった。

しかし、社会、共産両党はもとより、保守の側も「日本人の国防意識を非常にスポイルした」(中曽根元首相)と批判した。

東大の田中明彦教授は、著書『安全保障 戦後五〇年の模索』の中で、吉田の対米交渉を早期講和、極端な再軍備の防止という面で成功したと評価する一方、吉田がダレスと再軍備の約束を秘密にしたことを「最大の欠点」と指摘した。

「この決断は、それ以降の日本の安全保障をめぐる政策決定を極めて不健全なものとしたといわざるをえない。憲法第九条の解釈における極端な『平和主義』的解釈と並んで、吉田が日本の安全保障政策に残した負の遺産である」

現在、自衛隊は約二四万人、予算で比較すると米、露、仏に次いで世界で四番目の規模だ。沖縄を中心に日本にはなお九〇の米軍基地、施設がある。二七五六億円にものぼる「思いやり予算」が日米間で議論を呼んだ。自衛隊の位置づけは憲法改正の最大の論点だ。吉田政治の〝負の遺産〟は現在も大きな問題を突きつけている。

第五章　自社対決の時代

「政局の安定は現下爛頭《らんとう》(頭がやけただれるほど喫緊)の急務である」――一九五四年(昭和二九)四月一三日、自由党の副総理緒方竹虎によるこの声明で、保守新党結成の機運が高まった。曲折を経て、保守合同が実現し、自由党と民主党による自由民主党が発足したのは五五年一一月一五日のことだった。これに先立ち、一〇月一三日には左右社会党が統一、こうして出来上がった自社対立を軸とする政治構造は「五五年体制」と呼ばれる。

自民党は日米安保体制のもとで経済成長路線を追求した。七二年に出版された田中角栄の『日本列島改造論』には「大都市では過密、公害、物価上昇などが人々の暮らしを脅かす一方、地方では過疎による荒廃が進んだ。都市と農村、表日本と裏日本の発展のアンバランスはいまや頂点に達しつつある。こうした現状を思いきって改めなければならない」とある。

地元にいかに利益を還元するかという議員間の争い、そしてどのように総裁＝首相の座を射止めるかをめぐる派閥抗争は、自民党内に、ロッキード事件に象徴されるような金権体質を生み、それと並行して政・財・官の癒着も深まった。一方の社会党は、マルクス主義を脱却できず、時代への適応力を欠いた。東西冷戦を背景に与野党の構図は固定化した。

岸信介は八五年、読売新聞のインタビューの中でこう語っている。

「長く政権の座にあるために、自民党は政治的に改革を要することをやりえない。一度は野に下ることが、政党の浄化のうえから必要だと思います。自民党が改めなければならないところが改革できない、これが今日、私として、残念でならない。合同の狙いは、革新勢力の統一と相まって、いつでも政権交代できるようにするということだったんだ」

〔1〕僕の使命は日ソ交渉と憲法改正にある

鳩山一郎　一九五四年(昭和二九)

東京都文京区音羽の丘に鳩山一郎(一八八三〜一九五九)邸、通称「音羽御殿」が建ったのは、関東大震災の翌年一九二四年のことだ。この英国風の洋館は九六年から「鳩山会館」として公開され、一郎が愛用したソファ、応接室が当時のままに修復されている。

鳩山内閣発足から一か月半後の五五年一月二五日午前九時。元ソ連代表部の首席代理ドムニツキーがここを裏門から訪れ、一通の手紙を鳩山に手渡した。

「日ソ関係の正常化を目指して意見交換を行うことは時宜に適する。ソ連側は交渉のため代表を任命する用意がある」

〝向米一辺倒〟の前首相吉田茂の外交を「秘密独善的外交」と批判し、「自主的な国民外交」を掲げる鳩山にソ連側から手を差し伸べてきたのだ。ソ連は日米関係にくさびを打ちたかったのかもしれない。

鳩山は誘いに乗り、日ソ交渉の幕が開いた。日ソ交渉はそもそも鳩山の方が積極的だった。

首相就任後の初の記者会見で「恐れているのは米ソ戦争だ。米ソ戦を防ぐには中ソとの関係を断交状

東京・音羽の私邸で記者会見する鳩山一郎首相（1956年1月26日）

態に置くことは逆効果で、相互の貿易、交通を盛んにすればおのずから平和への道が開ける」と述べた。

組閣後、農相河野一郎と与党・民主党の総務会長三木武吉を呼んだ鳩山は「僕の政治家としての使命は、日ソ交渉と憲法改正にある。他の問題は何でも両君の言う通りついていってもいいが、二つの問題だけは、僕の意見について来てもらいたい」と並々ならぬ決意を示し驚かせた（河野『今だから話そう』）。

しかし、日ソ交渉は国後《くなしり》、択捉《えとろふ》、色丹《しこたん》、歯舞《はぼまい》の北方領土の帰属を巡ってソ連が強硬姿勢を示し、保守陣営の分裂で難航を極めた。

外務省条約局長として交渉の全過程に参画した下田武三の『戦後日本外交の証言』には「鳩山派と重光（葵・元改進党総裁）外相との対立に加えて、鳩山派と吉田派との対立が同一政党（自由民主党)内に持ち込まれたため、かえって党内の意見対立が激化する結果を招き、それがさらに交渉に暗影を落とした」とある。

日本は五一年のサンフランシスコ平和条約で戦争状態から脱したが、ソ連の反対で国連には加盟できなかった。国際社会の一員になるためにもソ連との国交正常化は不可欠だった。また、ソ連には戦後、約五七万人もの日本軍兵士らが抑留され、引き揚げが続いていた。鳩山は、領土問題を先送りしてでも国交回復を優先すべきだと決断する。

「領土は何年たってもなくなることはないが、人の命には限りがある。救える時には、一日も早く救ってやらなければならない。しかも、国連に加盟できれば、その土俵の中で当然、エトロフ、クナシリについても話し合いのできる機会が生まれるに違いない。これが当時、私の胸に深く刻み込まれていた信念であった」(『鳩山一郎回顧録』)

鳩山が日ソ交渉を花道に引退する意向を固めソ連に出発したのは五六年一〇月七日。五一年に患った脳いっ血で不自由な体だった。

小学生だった孫の邦夫・自民党衆院議員(元民主党副代表)は「祖母の薫が『大パパはお骨になって戻ってくるかもしれない』と言った。政治家の決意、身を捨ててする仕事、そんな印象が残っている」と語る。

同一九日、日ソ共同宣言調印。戦争状態の終結と国交回復、日本人抑留者の即時返還などは合意したが、肝心の北方領土問題は「歯舞、色丹を日本に引き渡すことに同意する。ただし、日ソ間の平和条約が締結された後に現実に引き渡されるものとする」との表現にとどまった。

一郎は帰国後、首相を辞任する意向を表明した。

「体が衰えていたから、最後の仕事だと邪念を捨てて行動した。だから思い切ることができたんでしょう」と孫の鳩山由紀夫民主党代表。友愛精神を唱え、憲法改正を掲げている点で由紀夫氏の政治には一郎と共通点があるが、「祖父がやり残したからやりたいと思ったのではない。自分の主張を考えると、結果としてそうなっている。そうか、祖父も言っている話じゃないかと、そんな思いですよ」

鳩山一郎が使命感を持ってソ連に体当たりして以来四五年。ソ連が崩壊し、国際関係は様変わりしたが、領土問題に関する日露両国の対立の構図は、基本的には変わっていない。日露平和条約締結問題は、今なお最大級の外交課題である。

〔2〕私利私欲を去り救国の大業を成就させる決心だ

三木武吉　一九五五年(昭和三〇)

三木武吉《ぶきち》(一八八四〜一九五六)。希代の寝業師《ねわざし》、策謀家と言われた生粋の政党人。今の国会に最も少なくなったタイプの政治家、と言えるだろう。

「反吉田(茂)」を旗印に五四年一一月に日本民主党(鳩山一郎総裁)を結成、一二月に悲願の鳩山内閣を実現させた総務会長三木が、次に狙ったのは敵対していた自由党との保守合同だった。鳩山が憲法改正とともに二大政策目標に掲げていた日ソ国交正常化交渉などを進めるためにも、政権の安定が必要だった。

だが、五五年二月の衆院選では民主党一八五、自由党一一二に対し、左右両派の社会党が一五六と、憲法改正を阻止できる三分の一以上の議席を確保し、統一の動きを見せていた。

難題の保守合同を推進した立役者は三木と、三〇年にわたる三木の政敵・自由党総務会長大野伴睦《ばんぼく》。二人の和解が大きかった。

五五年五月一五日、日曜日の午前一〇時。三木は、親しい新聞記者を仲介に立て、東京・高輪の大野

自由民主党の初代総裁に決まった鳩山一郎氏を囲み万歳三唱
（左が三木武吉氏）＝日比谷公会堂で、1956年4月5日

の自宅に電話を入れた。『大野伴睦回想録』によると――

三木「君と二人きりで会い、救国の大業を成就したい。保守陣営が政権の奪い合いに狂奔していたのでは祖国の前途は憂うべきだ。保守合同が天下の急務だ」

大野「民主党は第一党になったが、絶対多数を取れなかったのでわが党を与党にする工作ではないか」

三木「いや、断じてそのようなことはない。必要とあれば鳩山内閣の一つや二つぶっつぶしてもよい」

同日夜、大野邸近くの山下太郎（後のアラビア石油社長）の私邸で二人は極秘に会う。

三木が言う。「今や政敵の関係を

離れて国家の現状に心を砕くべき時期だ。日本は放っておいたら赤化の危機にさらされること、自明の理だ。天地神明に誓って私利私欲を去り、この大業を成就させる決心だ」

三木の声は熱を帯び、「声涙下る大演説」だったと大野が述懐している。「じっと目をつぶり話を聞いているうちに感激してしまった。『古ダヌキの三木』はすでになく、その心境は中秋の名月のように澄み渡っているではないか。一時間足らずの会談で私の心には政敵三木さんは去り、同志三木さんがあった」

大野も義理人情に厚い党人派で、衆院選に関連して「猿は木から落ちても猿だが、代議士は落ちればただの人」との名文句を残した(六三年一〇月二三日、衆院解散の日、自民党議員に「前代議士諸君」と呼びかけた際の言葉とされる)。

大野派にいた田村元・元衆院議長が言う。「三木さんは大野先生の選挙区で大野だけは当選させてはならんと演説したりして犬猿の仲だったが、ころっと仲良くなった。『伴睦殺すにゃ刃物はいらぬ、お国のためじゃと言えばよい』と言われたもの。今、お国のため、と考える政治家がどれだけいるか」

民主党と緒方竹虎総裁率いる自由党による自由民主党結成は、五五年一一月一五日。左右両派に分かれた社会党は一〇月一三日の大会で統一しており、自社対決を軸とした五五年体制は、非自民党派による細川政権まで三八年間続いた。

「保守勢力の合同」は九三年六月の自民党分裂後、「保・保連合」といった言葉でしばしば議論になった。が、かつての「革新」対「保守」という構図は消え、保守の目指すものは、とらえにくい。「日本人固有のものを自分たちは捨てない。今も一貫している。が、懐旧趣味の保守ではない。我々は保守せんがために改革する」とは中曽根元首相の言葉だ。

しかし、自民党は時代の変化に的確に対応できていないのではないか、といった声が二〇〇〇年六月の衆院選を機に一段と党内外で強まった。加藤紘一・元幹事長は同年七月二五日の講演で「官庁の作った政策を押し通し、その過程で受ける非難を消すために公共事業を利益誘導の形で選挙区に運ぶ政治が、限界との認識を持ち得なければ自民党は二〇世紀の終焉《しゅうえん》と共に役割を終える政党になる」と述べた。

自民党の生みの親といえる三木武吉は保守合同を実現したことをもって満足したのではなかった。その直後から、新たな目標を掲げた。五五年一二月一四日の演説で「形の上では強力だが、どこに清新さがあるのか。時世に鋭敏な感覚、政策に新しい創意の出来る進歩的思想が必要だ。換言すれば政党を若返らせなければならぬ」と語っている。

三木はこれから間もない五六年七月に死去した。三木が残した思いは、現在も自民党の課題である。

〔3〕ご機嫌取りはしない

石橋湛山　一九五七年（昭和三二）

東京・日本橋の東洋経済新報社は、吉田内閣の蔵相、鳩山内閣の通産相、そして首相として戦後史に足跡を残した石橋湛山（一八八四～一九七三）と縁が深い。石橋は、明治末から昭和にかけて同社の雑誌を主な舞台にした言論人で、後に社長も務めた。今でも東洋経済ビルの八階には「石橋湛山記念財団」（理事長は息子の湛一氏）があり、機関誌発行や優秀な論文の表彰を通じて、石橋の思想を継承している。

その石橋が、首相になって間もない一九五七年一月八日、日比谷公会堂で開かれた自民党の演説会でこんな言葉を残している。

「民主政治は往々にして皆さんのご機嫌を取る政治になる。国の将来のためやらなければならぬと思っても、多くの人から歓迎されないことだと実行を躊躇《ちゅうちょ》する。あるいはしてはならないことをするようになる。こういうことが今日、民主政治が陥りつつある弊害である。総理に指名された時、最初に党で申した言葉がこれであります。私は皆さんのご機嫌を伺うことはしない、嫌がられることをするかもしれないから、そのつもりでいてもらいたいと申した」

わずか7票差で岸信介氏（右）に勝利し、総裁に選ばれた石橋湛山氏（中央）（1956年12月14日の自民党大会、左は石井光次郎氏）

国会運営正常化、政官界の綱紀粛正、雇用増大、福祉国家建設、世界平和確立という「五つの誓い」を掲げたあとで、「ご機嫌取り」否定の弁を計六回繰り返した。

「大正期から植民地拡大・帝国主義が時流となる中、石橋は『小日本主義』を唱え、植民地放棄を主張し日中戦争、三国同盟、大東亜共栄圏構想を批判した。根底には、今日、我々が常識としている民主主義の思想がある。首相としてせいぜい二年、思い切ったことをやりたいと語っており、そんな心情を述べたのではないか」（増田弘・東洋英和女学院大学教授）。

石橋内閣の官房長官を務めた石田博英の書生で、湛山の〝孫弟子〟田中秀征・元経企庁長官はこう語る。

「今でも『ご機嫌取りはしない』という政治家はいるが、これは湛山だから、一つの座に登りつめたから言える言葉だ。自分の支持者にご機嫌取りをせず、それを許す支持者を持っていたことも重要だ」

名取栄一・元沼津市長の存在が大きかった。彼は、石橋の選挙区(旧静岡二区)にあって地域の陳情を極力抑え、私財を投じて石橋の政治活動を保証したという。

しかし、理想と現実は必ずしも一致しない。

自民党総裁選で、「二、三位連合」によって岸信介を決選投票で破り*、宰相の座を得た石橋だが、石橋派はわずか一〇数人。党内の派閥力学は、石橋の意にかなう組閣を許さなかった。

また、積極財政論者の石橋は予算編成方針に消費者米価の引き上げを盛り込んだものの、たちまち自民党内から反発が噴き出した。

＊ 自民党総裁選　第1回の総裁公選は、鳩山一郎氏の信任投票で、第2回の総裁公選が実質的な選挙となった。1回目の投票は岸、石橋、石井の順。2回目の決選投票は石橋、石井が連合を組んだ結果、石橋が逆転勝利した。この選挙で自民党の派閥が定着し、派閥の合従連衡《がっしょうれんこう》による政権抗争という形が出来上がった。多数派工作のため各派は人事のカラ手形を乱発し、岸派が三億円、石橋派は一億五千万円、石井派は八千万円をばらまいたとされる。

「当時、自民党内には七個師団三連隊などと呼ばれる派閥があった。池田、佐藤、石井、大野、三木・松村、河野、岸の七個師団、石橋、大麻、鳩山(直系)の三連隊である。まさに派閥乱立状態だったが、これらは厳密な区分ではなく、各派にまたがる去就不明組も少なくなかったから、鳩山さんの後継総裁をめぐる多数派工作は熾烈を極めた。総裁選挙のカギは、これら各派の合従連衡と去就不明組および各都道府県選出の地方代議員の争奪にかかっていた。地方から出てくる代議員にはマン・ツー・マンで担当者を決め、横浜から列車に同乗して宿舎に同行、隣の部屋に泊まって監視するといった具合だ」(福田赳夫『回顧九十年』)

一月二三日の日記には「予算案、党との諒解《りょうかい》不能、閣議は明日に延期、妥協するか一戦を交えるか」とある。結局、二六日の臨時閣議で消費者米価は据え置かれることになった。

当時七二歳の石橋は、衆院選を念頭においた全国遊説などの無理がたたり、一月二五日、風邪で倒れ、脳血栓を併発した。医師団が「二か月の静養が必要」と判断した二月二二日の夜、首相辞任を決意し「君、何事も運命だよ」と石田に語ったという。わずか二か月の短命政権。幹事長三木武夫が草案を書いた石橋書簡には「首相として最も重要なる予算審議に一日も出席できないことが明らかになりました以上は進退を決すべきだと考えました。私の政治的良心に従います。また万一にも政局の不安が私の長期欠席のため生ずることがありましては、これはまた全く私の不本意とするところであります。私の総裁として、また首相としての念願と決意は、自由民主党にありましては党内の融和と派閥解消であり、国会におきましては、国会の運営の正常化であります。私の長期欠席が、この二大目的をかえって阻害致しますことに相成りましては、私の堪えうるところではありません。どうか私の意のあるところをお汲み取りください」とあった。

確固とした主張と潔い進退。「政治家にはいろいろなタイプがいるが、最もつまらぬタイプは、自分の考えを持たない政治家だ」と語った石橋の政治家としてのたたずまいが、今も語り継がれる。

若いころ、石橋の肉声を聞き、胸のすく思いがしたという芳賀綏《やすし》東工大名誉教授は、「湛山は、わい小な言動や政策を嫌い、『ケチな話』と言ってのけるのが常だった。ご機嫌取りはしないというのは、平成日本の卑屈な政治家に言いたい言葉だ」と語っている。

〔4〕米帝国主義は日中共同の敵

浅沼稲次郎　一九五九年（昭和三四）

一九六〇年一〇月一二日、東京・日比谷公会堂。自民、社会、民社三党首の立会演説会が開かれていた。

社会党委員長浅沼稲次郎（一八九八～一九六〇）の演説が始まると、右翼が「容共社会党を打倒せよ」とのビラをまき、ヤジと怒号で騒然となった。午後三時過ぎ、司会者が静粛を求めて、演説が再開した。その時、壇上に駆け上がった男が、浅沼に左側から体当たりして短刀で、二度刺した。浅沼は舞台に倒れ、まもなく絶命した。

犯人は、一七歳の右翼団体構成員・山口二矢《おとや》。「（浅沼は）中共を訪問して『米国は日中共同の敵である』など暴言をなし、その共産党的な実体を暴露し……」とその動機を供述した。

山口の言う「暴言」とは、事件から約一年半前の五九年三月、当時、書記長だった浅沼が党の第二次訪中使節団団長として北京を訪れた際の言葉にある。九日、中国人民外交学会でのあいさつで「アメリカ帝国主義は日中共同の敵」と発言。一二日は政治協商会議大講堂でこう演説した。

熱弁をふるう浅沼委員長。この直後に刺殺された（1960年10月12日、日比谷公会堂で）

「台湾は中国の一部であり、沖縄は日本の一部であります。それにもかかわらずそれぞれの本土から分離されているのはアメリカ帝国主義のためであります。アメリカ帝国主義についておたがいは共同の敵とみなして闘わなければならない」

「帝国主義に従属しているばかりでなく、再び致命的に間違った外交政策でアジアに臨んでいるのが岸内閣の外交政策であります。それは日米軍事同盟の性格を有する日米安保条約の改定と強化をし……」

一四〇〇人余の聴衆は大きな拍手を送り、首相周恩来も激賞。中国側の浅沼らに対する態度は一変した。

しかし、日本国内では大問題となった。自民党幹事長福田赳夫は「国外での発言は慎重に」と北京の浅沼に警告の電報を打つ。

「国内では対立関係にあっても国外では自国の指導者の悪口を言わないのが政治家としての節度である。アメリカとともに岸内閣の悪口を言ったので毛沢東主席や周恩来首相も内心驚いたと伝えられたが、国際関係に悪影響を及ぼすと考えられた……」(福田『回顧九十年』)

社会党左派の委員長鈴木茂三郎でさえこの発言に不快感を示した。右派で、「まあまあ居士《こじ》」と言われた浅沼がなぜ、突出した発言をしたのか。

浅沼に同行した左派の広沢賢一書記局員(元衆院議員)が語る。

「僕は草稿で『敵』という言葉と『問題』という言葉を併記した。共同の敵というのは流行した言葉だった。浅沼さんは『敵』を選び、太い万年筆で、自分の字で原稿を書き直した」

同行した右派の参院議員曾祢益によると、浅沼は事前に原稿を団員に見せなかった。

演説後の団員会議で演説を取り消せと激論になったが、原稿は中国側に渡っていて人民日報に全文が掲載された。「浅沼君の勇み足に負けた」(『私のメモアール』)としている。

浅沼が左派に軸足を移し出したことを物語る象徴的な言葉ともなった。六〇年三月の党大会で、浅沼は左派に担がれ、戦前の無産運動時代からの大先輩で兄事していた右派の河上丈太郎と対決、委員長のポストを手にした。

徹底した遊説ぶりで「人間機関車」と言われ、大衆から愛された浅沼が、戦後最大の国民運動六〇年安保闘争をリードした。

社会党が熱心に働きかけた中国は、秘密裏に米国との和解工作を進め、七二年二月のニクソン大統領訪中で関係を正常化、日米安保も事実上容認するようになった。社会党はもちろん関与しない動きであり、七二年九月に実現した日中国交正常化でも橋渡し役を果たした野党は、社会党ではなく公明党だった。

社会党は現実から遊離し、政権からも遠ざかる。『戦後史のなかの日本社会党』を書いた原彬久・東京国際大教授は「共同の敵、という言葉で社会党の対米政策に枠がはまってしまった。中国に接近しようとした社会党は逆に、中国の国益至上の外交戦略に使われてしまった。米中国交で中国にはしごを外された後も国際認識を転換しようとせず、自民党の長期政権を許した」と指摘している。

〔5〕政権をとらない政党はネズミをとらないネコと同じ

西尾末広　一九六〇年（昭和三五）

その日はからりと晴れ上がり、すがすがしかった。しかし、風は肌を刺すように冷たかった。一九六〇年一月二四日、東京・九段会館での民主社会党結成大会。六九歳の委員長・西尾末広（一八九一～一九八一）は高らかに宣言した。

「民主社会主義の理想を実現する政党、現実政治を担当する政党として速やかに成長しなければならない。同志諸君とともに五年以内に民主社会党の政権を樹立することを誓いたい」

一〇日後、二月三日の結党記念講演では「政権をとらない政党はネズミをとらないネコと同じだ。我々は無産党的な社会党のカラを破って国民勤労大衆のための国民政党になる自信がある」と、政権獲得への強い意欲を表明した。

西尾は、旋盤工から労働組合運動に入った。二八年の第一回普通選挙で社会民衆党から出馬し、初当選。戦後、社会党創設に参画し片山内閣で官房長官、芦田内閣で副総理を務めた。

保守の側からは「革新陣営で彼の右に出る現実政治家は見当たらない」（大野伴睦）と評価された。だが

政界引退を表明した時の西尾末広氏。右は佐々木良作民社党委員長（1971年11月30日）

西尾は連立や党内左派の反乱など、政権運営の難しさを味わった。

五五年に左右統一した社会党でも、左右対立は伏流水のように流れていた。六〇年安保闘争たけなわの中、左派から追い出される形で西尾らが結成したのが民主社会党（七〇年四月に民社党と改名）である。マルクス主義と一線を画して議会政治の徹底を掲げ、衆院三八、参院一六の勢力で発足した。

「ネズミをとる」チャンスは意外に早くやってきた。

首相岸信介が安保改定を実現して退陣する意向を固めた時、農相福田赳夫は、西尾を後継首相に担ぐことを狙ったのだ。安保問題で自民党は大きな打撃を受けた。福田は、左翼にも影響力を持ち、自民党も社会党も支持できる内閣を作ろうと考え、岸の了解を得て、東京・麻布の知人宅で、西尾と三回会った。

しかし西尾は「西尾首班となれば、私は政治家としてここで死ぬことになる。西尾が日本のためもっと必要とされる時期があるんじゃないかと思う」と断った（福田『回顧九十年』）。

〝棚ぼた〟政権は拒み、あえて厳しい道を選んだものの、天は無情だった。

社会党委員長浅沼稲次郎が右翼少年に刺殺された直後の六〇年一一月二〇日の衆院選で、民社党はわずか一七議席に転落した。

民社党の国会対策の事務を長年担当した畑昭三さんは、「結党時にはブームがあったが、浅沼さんが倒れ、『ヌマさんがかわいそうだ、党を割った民社はけしからん』とブームが逆転した。あれが思えば民社党の運のつきだった」と言う。

階級的大衆政党と称し、社会主義革命を目指していた社会党は、「民社党が働く人の力を弱めている。『国民政党』とは無性格であり、資本主義体制内の政党、第二保守党的だ」（委員長佐々木更三）と民社党を批判した。自社対立の時代、是々非々の立場は国民に理解されにくかった。

一方で、公明党（六四年一一月）、新自由クラブ（七六年六月）、社会民主連合（七八年三月）と新党が生まれ、多党化が進んだ。

「社公民連立構想」「中道連合政権構想」などが浮かんでは消えた。

第四代民社党委員長佐々木良作は、八〇年一二月二日の公明党大会で来賓としてこう語っている。

「河野さん（新自由クラブ代表）、田さん（社民連代表）から声がかかり、竹入さん（公明党委員長）と四人でフグを食べた。そこでも話したが、連合というのはわかりにくいから、マージャンのパイじゃないが、ガラガラまぜてポンと一本あがりといこうかと思っている」

実際にガラガラポンとなるのは、九四年一二月の新進党結成だった。

結局、民社党は浮上できなかった。だが、「福祉国家」、「専守防衛」、公害、原子力、中小企業といった分野で現実的な政策を打ち出し、先見性を発揮したことは確かだろう。

第七代委員長の大内啓伍氏はこう振り返る。

「野党は抵抗政党と言われたころ、我々は政策でリードしようと思った。互角の政策を持った政党同士が競わなければ本当の民主政治は実現しない。日本はまだ、その手前だ。西尾先生の思いは今も生きている」

〔6〕声なき声に耳を傾けたい

岸 信介 一九六〇年（昭和三五）

「六〇年安保」のころ、安倍晋三内閣官房副長官はまだ五歳だった。こんな情景が記憶に残っている。《東京・南平台の祖父岸信介（一八九六〜一九八七）の自宅は、デモ隊に囲まれて、外に出られなかった。僕らが「アンポハンタイ」とデモをまねて座敷を走り回ると、和服姿の祖父は「こんどは『デモ隊帰れ』と言ってごらん」と言って大笑いしていた》

「戦前のリーダーはエリート意識が強く自信があるから動じない。だから非民主的な雰囲気もあったのだろう。政治家には結果責任こそ厳しく問われなければならない、そんなことを祖父から学んだ」（晋三氏）

岸は六〇年一月一九日にワシントンで、新たな日米安全保障条約に調印し、国会での条約批准も強気一辺倒で押し切った。

五月一九日深夜、自民党は、警官隊により野党の抵抗を排して衆院本会議で会期延長を決め、二〇日未明に新条約の批准承認を強行した。国会周辺のデモは一層激化したが、岸は二八日の記者会見でこう述べた。

「現在のデモは特定の組織力により、特定の人が動員された作られたデモである。私は一身を投げ出しても暴力で危機にさらされているわが国の議会民主主義を守り抜く考えである。現在のデモは『声ある声』だが、私はむしろ『声なき声』に耳を傾けたい」

この挑発的な言葉は、火に油を注ぐ。デモの中には「〝声なき声〟の会」というのぼりもあった。

六月一五日、全学連の学生たちが国会南通用門で警官隊と激突し、東大生・樺美智子さんが死亡した。その夜は「非常にショックを受けて、深夜、ひとり自室でトランプのカードをめくっていた」（長女の洋子さん＝安倍晋太郎元外相夫人）という。だが、翌日の記者会見で岸は、「都内の野球場や映画館などは満員でデモの数より多く、銀座通りも平常と変わ

日米新安保条約が自然承認されて笑顔の岸信介首相（1960年6月19日）

りはない。これをもって社会不安というのは適当ではない」と語った。

激しいデモに対し一時は自衛隊の出動も検討された。新条約は六月一九日午前零時、参院の承認手続きを経ないまま国会で自然承認された。

岸が調印した「日本国とアメリカ合衆国との間の相互協力及び安全保障条約」は、五一年九月に首相吉田茂が調印した「日本国とアメリカ合衆国との間の安全保障条約」を是正し、より相互性を持たせたものだ。米側の日本防衛義務を明確にし、日本は在日米軍が日本の施政権下で武力攻撃された場合にはそれを防衛する義務を負うことなどを明記した。野党は、これにより日本が戦争に介入する危険性が増大し、憲法にも違反すると批判した。

岸が、かつて東条内閣の商工相で戦犯容疑者であったことへの反発もあった。

猪木正道・元京大教授(後に防衛大学校長)は、当時、東大教授から、デモへの参加を求められた際、「条約の内容は新安保のほうが旧安保よりもはるかにすぐれている。しかし、軍国日本の対米自爆戦争に責任の重い岸首相による改定には断固反対する」と答えた、と回顧録に書いている。

東大の学生だった加藤紘一・元自民党幹事長は国会周辺のデモに二回ほど参加した。こんな教訓を得たという。「外交は国民の支持を辛抱強く形成し、国民とともに推進していくべきものだ。日米安保改定はアメリカに対する日本の立場を改善することを意図した。にもかかわらず国民の強い反発を呼び起こし、国論分裂への危惧《きぐ》がその後の日本外交に一定の制約を課してしまった」(『いま政治は何をすべきか』)

岸退陣後の衆院選(六〇年一一月二〇日)で、自民党は二九六議席を獲得、前回より九議席伸ばした。

数字の上では、国民は岸の判断を支持したと言える。安保反対のうねりも潮が引いたように消えていった。

日米安保条約は米国のアジア戦略に利用され、ベトナム戦争、湾岸戦争などの際に憲法論議になった。基地問題、思いやり予算など課題は少なくない。だが、二〇〇〇年五月に総理府が公表した世論調査では、国民の七割が同条約を「平和と安全に役立っている」と評価した。

『岸信介―権勢の政治家』を書いた原彬久東京国際大教授は「結果として今日まで戦争に巻き込まれず、平和だった。国会で少数派が院外闘争の力をバックに多数派に勝利していたら日本の議会制民主主義は根本的に傷ついた。当時、岸は激しく非難されたが、岸の判断は間違っていなかったと思う」と語っている。

〔7〕政界、一寸先は闇

川島正次郎

二〇〇〇年四月、前首相小渕恵三が脳こうそくで倒れ、森政権が発足した時、だれしもが思った。

「政界、一寸先は闇《やみ》」

この言葉の元祖が、岸政権での自民党幹事長、池田、佐藤両政権で副総裁を務めた川島正次郎《しょうじろう》(一八九〇〜一九七〇)である。

予想だにしないことが起き、流れが大きく変わるという点で政治の世界はわからないという意味だ。その一方で、あっと驚くような局面の展開を狙う政治家がカムフラージュのために使う言葉でもあった。

東京新聞の政治記者だった岡本文夫さんは、幹事長就任(五七年七月)後の川島からこの言葉を何度も聞いた。

「難しい局面になると、『一寸先は闇だから、分からん』と記者団を煙にまいた。その反面、われわれ記者にもよく意見を聞きましたよ。闇の奥からどういう風に身を処していくかが川島の真骨頂なんだ」

川島の秘書を務めた鈴木信也さんも「川島は『おとぼけ』で結論を最後まで隠し、しっかり根回しした。

とにかく人に会った。『闇』を見通すための労力をいとわなかった」と証言する。

六四年七月の自民党総裁選。首相池田勇人は佐藤栄作と激しく争い、三選を果たした。川島はこの時、池田支持取りまとめに動いた。だが、池田は九月に病《がん》に倒れ、副総裁になった川島と幹事長三木武夫に後継選びをゆだねた。候補は池田三選を推進した河野一郎、反池田連合の佐藤栄作、藤山愛一郎の三人だ。

党内は混沌《こんとん》とした。七月の総裁選の経緯からも川島は河野一郎支持、との見方があったが、実は違った。川島は、「実際だれが勝つか」を見極めた。調整作業を一切表に出さず、首相指名選挙の当日、池田が後継を佐藤に指名する形で一気に決した。後に川島は「わずか二週間の調整工作だったが、私にとっては長く、そして思い出深い」と東京新聞に回想を寄せている。

佐藤政権でも副総裁に就任したが、勝ち馬に乗り主流派にい続けたため「ひまわり」とも呼ばれた。

そんな川島を作家の草柳大蔵さんは、一八世紀から一九世紀にかけて政治体制

「陽気な寝業師」と言われた川島正次郎氏（1968年頃）

が激変したフランスで警視総監などのポストについて「政界を手玉にとり天才的謀略家の名をほしいままにした」ジョセフ・フーシェにちなみ「江戸前フーシェ」と称した。

川島の政治歴は、戦前の政友会に始まる。政友会の幹事長を務め、謀将といわれた横田千之助は「寸前暗黒」という言葉を使った。横田は、政友会が長期政権を維持していることに関連して「政治は理であり、勢である。寸前暗黒の前途を料理するには、その現状のままに自ら在り得ないのは当然である」(『改造』二四年三月号)と述べた。不透明な時代に対応するため、政党の主義、主張はおのずと変化するとの考えだが、川島が「一寸先は闇」と述べたのも、こんな薫陶を受けたからかもしれない。

川島は、洒脱《しゃだつ》で粋《いき》な政治家でもあった。六六年一〇月、川島派の荒船清十郎運輸相が、選挙区の国鉄駅に急行列車を停車させた件など「職権乱用」が問題になり辞任に追い込まれた。川島は、閣僚として自分の行動の結果を読めなかった荒船にがっかりしたのか、記者会見で「荒船君は今にして思えば、『やはり野におけレンゲ草』だったよ」と皮肉まじりにコメントした。

川島の政治哲学はこんな言葉にうかがえる。

「一寸先はヤミだから、一寸先を見通すことができるものがえらい。大多数のものはヤミでやっている。政治というものは、先の見えない集合団体ということなんだよ」(『週刊サンケイ』六四年八月一七日号)

自民党副総裁には、初代の大野伴睦をはじめ、金丸信ら融通無碍《むげ》で調整型の政治家が目立つ。それぞれ一寸先の闇を見据え、力を発揮した。

「複雑怪奇な派閥力学を調整するには、副総裁にはまり役の人物を置いておくことが、自民党では大切だった。副総裁は川島にはぴったりのポストだ。先を読み、調整する能力が必要であることは今でも変わらない」（政治評論家の芳賀綏・東京工大名誉教授）

連立時代に入り、九八年の金融国会が象徴するように与野党に調整役が不在で重要な政治の意思決定が遅れる局面が目立つ。川島や金丸ら寝業師といわれる政治家の功罪はあるとしても、時にそんなタイプの政治家がいたら、と思わせる。

返還への道ひらいた発言

〔8〕沖縄復帰が実現しない限り戦後は終わらない

佐藤栄作　一九六五年（昭和四〇）

「台風後の快晴に恵まれ誠に快適なり」（『佐藤栄作日記』、一九六五年八月一九日）。

この日、佐藤栄作（一九〇一〜一九七五）は戦後初めて日本の首相として沖縄を訪れ、那覇空港で声明を読み上げた。「私たち国民は沖縄九〇万の皆さんのことを片時も忘れたことはありません。私は沖縄の祖国復帰が実現しない限り、わが国にとって戦後が終わっていないことをよく承知しております」

東京でこれを聞いた外務事務次官下田武三は驚いた。「外務当局にとっては、全くの青天の霹靂《へきれき》であった。当時の国際情勢には、この声明の裏付けとなりうるものは何もなかった」（『戦後日本外交の証言』）

この年二月、米軍は北ベトナムへの爆撃（北爆）を開始した。七月、サイゴン南東を爆撃したのは沖縄の基地から発進したB52で、沖縄返還の可能性など想定できる状況ではなかった。

一人当たり実質国民所得が戦時中の最高水準並みになり、経済白書の「もはや戦後ではない」が、流行語になったのは五六年。この表現を逆に使った佐藤の言葉は、沖縄問題への関心を大いに高めた。下田の言うように佐藤には見通しがあった訳ではなく、意欲が先行した格好だった。

首相秘書官だった本野盛幸・元駐仏大使が言う。

「当時、ＣＩＡ（米中央情報局）の人が僕を訪ねてきて、沖縄早期返還を求めるのは、現地財界や自民党主流が反対しており、佐藤は出過ぎていると言ったことがある。僕は、政府が後ろ向きだと沖縄問題は左翼が圧力をかけてやることになり日米友好にならない、とやり返したんですよ」

こうして動き始めた沖縄返還問題でネックになったのが「核抜き」だった。

六七年一二月一一日の衆院予算委員会で社会党の成田知巳の質問に対し、佐藤は「本土としては私どもは核の三原則、核を製造せず、核を持たない、持ち込みを許さない、これははっきり言っている。その本土並みになるということだ」と答弁し、後に「非核三原則」として定着す

戦後初めて日本の首相が沖縄の土を踏んだ
（1965年8月19日、名護町営グランドの歓迎会）

る考えを表明した。この答弁の対象は小笠原諸島のことだったが、これを沖縄に適用するか、が大問題となる。

対米関係の悪化を懸念する外務省北米局は及び腰だった。むしろ、首相の諮問機関・沖縄問題等懇談会(沖懇、大浜信泉座長)や基地問題研究会(基地研、久住忠男座長)など民間有識者側が流れを作る。米国の政権交代を受けて、ベトナム戦争への対応が変化しつつあるという国際情勢の変化もあった。

沖懇、基地研の中心メンバー末次一郎安全保障問題研究会代表は「沖縄病患者という言葉があったが、沖縄出身の大浜さんをはじめ多くの人が何とかしようと米側の情報を取った。『白紙』という佐藤首相を動かし、決断を求めた」と語る。

基地研は、六九年一月末に日米の専門家、学者による京都会議を開いて沖縄返還の在り方を協議し、三月八日、「核抜き、本土並み、七二年返還」を骨子とする報告を発表した。

その二日後、一〇日の参院予算委員会。

佐藤は「沖縄が帰ってくれれば、当然日本の憲法も、また安保条約もその地域にそのまま適用になる」と答弁、これを官房長官保利茂が「首相の言わんとするところは核抜き本土並みということだ」と記者会見で補足説明して政府の対米方針が明確になった。

この年一一月、訪米した佐藤は、大統領ニクソンとの会談で沖縄復帰(七二年五月)を合意した。

佐藤を師と仰ぐ橋本龍太郎元首相は「当時、核抜きは無理、核は後回しにしても早期返還、と思っていたから、佐藤先生が核抜きを決断した時は本当に驚いた」という。「何ら成算はなかったでしょう。自ら退路を断つ言葉が米側にどう響くか計算していたのではないか。自分で決断すべきことはぎりぎりまで口にすべきではないと教えられました」

沖縄復帰から約三〇年。沖縄の米軍基地削減問題は依然として大きな課題だ。米側の文書から、沖縄返還交渉時に日本政府が米軍へ二億ドルの補償を密約していたことを明らかにした我部政明・琉球大教授は、「沖縄返還の米側の評価は米軍の機能維持と日米同盟強化に踏み込めた点にある。『領土を回復したから佐藤は偉かった』ではなく、米軍の機能がその後どうなったのかを検証した上で、佐藤の役割を再評価すべきだ」と指摘している。

〔9〕偏向的な新聞は大嫌い

佐藤栄作　一九七二年（昭和四七）

首相官邸の記者会見室が異様な空気に包まれた。

七二年六月一七日午後零時半過ぎ。首相佐藤栄作が記者団をにらみながら「国民に直接話をしたいんだ。新聞になると、文字になると違うからね。僕は、偏向的な新聞は大嫌いなんだ」と大声をあげたからだ。

首相の側からの要請で、記者団は席についても質問せず、会見室奥のテレビカメラを通じて佐藤の発言をそのまま放映することになっていた。勘違いした佐藤は、いったん会見室を出る。思い直して再び会見室に戻ると、今度は記者団がおさまらなかった。

佐藤「始めようか」

記者団「その前に、先ほどの発言は納得できない。いや許せない」

佐藤「出てください。構わないですよ。やりましょう。出てください」

政界の団十郎と言われた佐藤が目をむき、怒りをあらわにテーブルをたたく。「出よう」「出よう」と記者団。佐藤は、カメラに向かい退陣の弁を語った。

事前にこの会見の相談を受けたのは、首相秘書官の楠田実氏だけだった。

「沖縄返還という歴史的な仕事をやり遂げたのに、新聞は早く辞めろという記事ばかりだった。ポスト佐藤で自分の派閥は田中角栄に切り崩され、その戦闘隊長が竹下登官房長官だ。佐藤さんは孤立感に包まれていた。『テレビを通じて国民にあいさつしよう。最後にわがままを通させてくれ』と言われたが、有終の美をと思い、形だけは通常の記者会見にした。それが裏目に出たわけです」

ちょっとした思い違いによるハプニング。が、佐藤らしい会見でもあった。

佐藤栄作首相はテレビカメラだけの会見を求めた(1972年6月17日)

佐藤は「とにかく口が堅く、リップサービスもできない性分」(『佐藤寛子の宰相夫人秘録』)。官僚的な性格とともに「待ちの政治」と言われた手法が、しばしば記者団とぶつかった。

佐藤は、退陣会見で「佐藤政治はわかりにくいと批判を受けたことを承知している」と述べ、『啐啄同機《さいたくどうき》』*という言葉で説明した。卵がふ化してひなが誕生する時、ひなが中から殻をつついて母鳥に知らせるのが「啐」、母鳥がくちばしで殻を割るのが「啄」。「決断を下すべき、その機が熟しているかどうかについて、国際情勢や国民世論の動向を十分見極めて啐啄同機の呼吸を計ることが何より肝要だ」

物事が途中で新聞に出るのを嫌がった。佐藤日記にそんな心情がうかがえる。

「田中幹事長には都知事選にはただ今の処一切ふれぬ様にと注意する。大事な段階故新聞記事でぶちこわしにならぬ様に」(六六年九月二二日)、「愛知外務大臣並びに事務当局と会談。すぐ新聞に発表するので、お灸《きゅう》の意味で今日の処は意見をのべない」(七一年五月二一日)

佐藤政権の七年八か月、テレビは、急速に普及しカラー化も進んだ。政治にも影響力を持つようになった。「父もマスコミ受けが悪いのは承知していて、出版社の知人から『米大統領は問題があればすぐに国民に向かって話す。佐藤さんもやりなさい』と助言された。なかなかできなかったが、辞める時、それを

＊啐啄同機　佐藤首相の秘書官・楠田実氏の著書『佐藤政権・二七九七日　下』によると、東洋政治哲学の泰斗である安岡正篤氏の著書からヒントを得た言葉。楠田氏は次のように記している。

「啐啄同機という、やや難しい熟語に置きかえてみると、佐藤政治の全貌が明瞭に浮かんでくるではないか。即ち、布石して機の熟するのを待ち、機の至るや一気にことを決する。佐藤首相の政治行動様式はこのパターンで貫かれている。私はこの主題について佐藤首相の了承を得ると同時に、安岡先生にお目にかかって、その出典等についてのご教示を頂いた。啐啄同機は、あとで色々話題になった。平田精耕老師、柳光院の紫野南嶺老師ら禅家の方がたから『禅家では、〝そったく〟と申します』というご指摘を頂いた。そのことを安岡正篤先生に申し上げたところ、『それは読みぐせの問題で、〝さいたく〟が正しい読み方です』というご教示を頂いた」

やろうと考えたのだろう」と二男の佐藤信二・元運輸相。

佐藤との交渉相手だった米大統領ニクソンは、大統領退陣後の著書『指導者とは』で「テレビは健全な世論が生まれるのを不可能にし、選挙の結果まで決めてしまう」と批判しつつも、メリットを認めている。「テレビは、とくに危機に際して指導者に絶好の武器を提供するという利点がある。指導者はテレビに出てじかに国民に語りかけ、新聞記者やコメンテーターに邪魔されることなく所信を語ることができるからである」

佐藤が記者団とけんかしたのも、自分の考えを国民に伝えたい、が、うまくいかないというもどかしさの表れだったとも言える。

佐藤にはこんな言葉もある。「大野先生は『伴ちゃん』の愛称で親しまれた。私たち官僚出身は冷たくて大衆に愛されないが、私も『栄ちゃん』と呼ばれる政治家になりたい」（六六年五月二六日、大野伴睦・元自民党副総裁の三回忌で）。この三〇年で情報化社会が実現し、テレビだけでなくインターネットも政治家の武器になりつつある。国民とのコミュニケーションをいかにとるか、政治家にとって永遠の課題だ。

〔10〕地方から中央を包囲する

飛鳥田一雄　一九七三年（昭和四八）

「東京に青空を」

そんな言葉が都民の心をとらえた。土管から青空を見上げるイメージの「青空バッジ」が売れに売れた。六七年四月の都知事選。

自民党都議の汚職、深刻な公害、住宅問題などへの不満が、社会、共産両党推薦の経済学者美濃部亮吉を都知事に押し上げた。

都政史上初の革新知事誕生は、革新自治体ブームを呼ぶ。横浜市長飛鳥田一雄（一九一五～一九九〇）が会長を務めた「革新市長会」のメンバーは、この年の六一人から、七二年には一三二人と急増した。

飛鳥田が七三年に書いた論文にこうある。

「日本の総人口の過半数を革新自治体のもとに包括するという課題が、すでに射程距離のなかに入っている。そうなれば完全に情勢規定的な政治勢力である。中央権力を包囲し、それを攻めあげる牢固《ろうこ》たる革新の布陣が整うことになる」

これが「地方から中央を包囲する」というキャッチフレーズになった。

中央に顔を向けるのではなく住民本位の自治を目指した革新自治体の特徴の一つが、行政への住民参加である。だが、難しい試みでもあった。

美濃部には、「橋の哲学」と言われるエピソードがある。

七一年六月三〇日、都議会で「たとえ橋一つ造られるにしても、その橋の建設が、そこに住む多くの人々の合意が得られないならば、橋は建設されないほうがよい」と述べ、行政への都民参加の必要性を強調した。ところが、都議や記者団に事前配布された演説文には「そこに住むすべての人々の同意が得られなければ……」とあり、これが一般には流布された。住民が一人でも

革新7大都市連合構想で記者会見する美濃部亮吉都知事（右）と飛鳥田一雄横浜市長（1973年7月3日、都庁で）

反対すれば公共事業を進めない考えを示すものとして反美濃部派から批判を浴びることになる。

当時、美濃部の特別秘書で現在は作家の童門冬二(本名・太田久行)さんが言う。

「手続きミスでした。アルジェリアの革命家フランツ・ファノンの言葉を引用して、公共施設を造るには都民の意識を高める必要があると言いたかったのですが。都道三六号線や杉並区の清掃工場建設が問題になっていた時期だけに、計画が進まず大弱りでした」

六〇年代に高まった革新自治体運動は、七三年の石油ショックで経済が低成長期に入ったころから衰退し始めた。政府・自民党は、福祉、環境政策をはじめ革新側の看板政策を取り込んだ。反面、野党第一党の社会党をはじめ、革新側は「都市住民の意識の変化に気づかず、労働組合主義やマルクス主義に立った階級闘争意識から抜け出せなかった」(曽我祐次・元社会党副書記長)。

飛鳥田のブレーンだった鳴海正泰関東学院大教授がこう語る。

「飛鳥田には革新自治体を増やして自民党政権を包囲し倒そうという政治的な狙いがあった。が、むしろ地方の政策を中央に認めさせることに中央包囲の意味がある。政権交代なき政策転換は成功したのです」

鳴海氏は、神奈川県知事長洲一二が七七年一〇月、地方自治法三〇周年に関する会合で初めて唱えた言葉「地方の時代」の原作者でもある。その後は、自治自体の革新、つまり情報公開や文化行政の重視に運動の比重が移ったというのが鳴海氏の分析だ。

一方で、首長選では与野党相乗り、総与党化が進んだ。保革対立という枠は中央に先駆けて崩れはじめ、革新自治体という言葉は、東西冷戦の終焉《しゅうえん》、五五年体制の崩壊後には、使われなくなった。

近年、地方に新しい風が吹いている。浅野史郎宮城県知事、橋本大二郎高知県知事、田中康夫長野県知事ら政党支援を受けずに当選し、独自の政策を提起する知事の登場だ。

「我々は『地域から変わる日本』といっている。主義主張や理論ではなかなか変わらない。一つ一つの実践を国に先んじてやっていくことに手ごたえを感じています」(浅野知事)

「革新」という言葉こそ使われないが、こうした地方の新しい動きや、今進められている地方分権改革に、かつての革新自治体の精神が生きていると言える。

〔11〕七・三の構え

河野謙三　一九七三年（昭和四八）

かつて、お座敷に向かう芸者は人力車に乗った。帯をつぶさないために、はすに座った姿が粋《いき》だった――これが、参院議長河野謙三（一九〇一～一九八三）の言葉「七・三の構え」のヒントになった。七三年五月三〇日付読売新聞に寄せた談話「前尾繁三郎新衆院議長に望む」の中で、河野は議会運営の心得をこう説いている。

「公平を保つためには、議長が単に与野党の真ん中にいればよいというものでなく、少数野党に七、多数与党に三の機会を与える構えが必要だと考えている。少数党に議論の場を広くあけ、与党もこれを受け、譲るべきところは譲るという寛容の精神に徹することが真の議会政治を育てていく姿勢だろう」

河野は自民党の実力者河野一郎の弟で河野洋平元自民党総裁の叔父である。

謙三が、無所属の参院議員が結集した緑風会から自民党に移ったころは、参院での政党化が進むころと重なっていた。会期末になると、政府・自民は法案を通せと参院に要求した。徹夜国会や乱闘騒ぎは決して珍しくなかった。

中村梅吉衆院議長（左端）に参院での審議日数確保を申し入れる
河野謙三参院議長（中央）と森八三一副議長（1973年3月19日）

「佐藤政権と結んで重宗（雄三議長）が牛耳っている間に参院はすっかり政党化して『良識』というものがなくなっちまっていた。もう限界だ」（『議長一代』）――こんな思いで河野は七一年七月七日、参院改革を呼びかける書簡を全参院議員に送った。

「参議院の現状は極端に言えば、まるで衆議院のカーボン・コピーに過ぎないのではないか」

反響は大きかった。参院自民党の反主流派は、これを機に、九年続いた「重宗王国」を崩そうと河野を議長候補に担ぎ出した。野党各党がこれを支持するという前代未聞の議長選となったのだ。四選出馬を断念した重宗は、河野が野党と結託したと批判したが、河野は「世論と結託した」と言い返した。

七月一七日に議長に当選。河野は急ピッチで参院改革に乗り出す。傍聴者の受付にあった鉄格子を撤去し、女性用のトイレを設置した。

かつて参院事務局に在職した前田英昭駒沢大教授が言う。「河野議長が歩くところ改革の風が吹く、そんな雰囲気でした。河野さんは国民と同じ目線で考え、重要な政治決定は衆院で行い、参院は意見を言うのだという参院の独自性を最も重視された」

九月二三日、河野が有識者を集めて設けた懇談会がまとめた意見書は、議長、副議長の党籍離脱、審議期間確保、党議拘束の緩和、委員会での自由討議など多くの具体案を示した。

河野が重視したのは党議拘束の緩和だった。意見書作成に加わった河野義克・元参院事務総長は「(与野党の)勝った負けたじゃなくて、よりよい法律をつくるにはどうするか……議員の良識で判断して良識本位に運営する幅を広げようではないか」(『日本の国会』から)とその狙いを説明している。

河野の「七・三の構え」は、単に野党に配慮した議会運営ということではない。最初から結論を決めてかかるのではなく、野党の発言の機会を多くし、本格的な議論の場を作って衆院との違いを鮮明にしたいとの思いが込められていた。

二〇〇〇年に入って、参院の在り方が問われる事態が相次いだ。

衆院の比例定数削減のための改正公職選挙法は、参院での委員会審議が全く行われないまま二月二日の参院本会議で成立した。自由党の連立離脱問題を抱える与党が成立を急ぎ、野党が審議を拒否したからだ。斎藤十朗参院議長は「これ以上異常な事態を放置しておくことは、まさに議会の自殺行為と言わねばならず、参院の在り様を真摯《しんし》に論じてきた私ども参院議員にとって耐え難いことだ」との見解を出した。

そして同年秋の臨時国会。参院比例選に非拘束名簿式を導入する公職選挙法改正案は、参院で野党が一切審議を拒否したまま可決され、あっせんが実らなかった斎藤議長は辞任した。「議長の権威」は大きく失墜した。

細川、羽田政権時代、下野した苦い経験から自民党は、政権維持をすべてに優先し、野党の主張に配慮する余裕を失った。参院も例外ではない。

斎藤議長の要請を受けた有識者懇談会は二〇〇〇年四月、衆参両院の機能分担を明確にし、参院を「再考の府」と位置づける改革案を出したが、具体化のめどはついていない。河野が問題提起した二院制の在り方について、なお解答が得られていないところに、日本の政治の危機をうかがうことができる。

〔12〕青天の霹靂

三木武夫　一九七四年（昭和四九）

「国家、国民のため神に祈る気持ちで考え抜きました。新総裁にはこの際、政界の長老である三木武夫君が最も適任であると確信し、ご推挙申し上げます」

七四年一二月一日、自民党本部総裁室。福田赳夫（前蔵相）、大平正芳（蔵相）、三木武夫（前副総理）、中曽根康弘（通産相）を前に副総裁椎名悦三郎が声明文を読み上げた。

三木（一九〇七〜一九八八）は「**青天の霹靂《へきれき》だ。予想だにしなかった**」と言って受諾した。

金脈問題で首相を退いた田中角栄の後継を決めた「椎名裁定」で、「青天の霹靂」という言葉が政治史に刻み込まれた。晴れわたった青空に霹靂（激しい雷）がとどろくというこの表現の通り、少数派閥の領袖《りょうしゅう》である三木が推挙されたのは極めて思いがけない出来事だったからだ。

だが、三木自身は裁定の前夜に連絡を受け、自分が推されるのを知っていた。その意味では、三木の〝芝居〟だった。三木は前夜、家族を寝室に呼び、厳しい表情で「大変なことになるかもしれない」と話している。

「小派閥で権力基盤はないが、混迷の日本を救うため党改革をやり遂げたい。青天の霹靂には、そんな決意が表れていると思う」（睦子夫人）

三木の甥《おい》で、『自民党政権』の著書がある松崎哲久現代政治分析センター代表は、こう見る。

「事前に知っていたかどうかは問題ではない。党の権力構造から考えれば常識外で意外な裁定であるという驚き、そんな気持ちが表れた言葉だ。随分前からその時に言おうと思っていたのではないか」

実際、自民党は「結党以来、最大の危機」（椎名）に遭遇していた。田中の金権イメージをぬぐうためには「クリーン三木」が必要だった。

ただ、椎名は「三木が最善の選択」と決

人事問題で椎名悦三郎自民党副総裁と意見交換する三木武夫総裁（右）

め込んでいた訳ではない。

椎名は、福田とは岸派を割った時以来、確執があった。田中の盟友大平とは、日中国交正常化時の台湾問題の扱いをめぐって対立感情があった。椎名の秘書だった岩瀬繁さんは「椎名は、有力視されていた福田や大平を最初から選ぶ気はなかった。ぎりぎりまで保利茂(前行政管理庁長官)暫定政権を考えたが、暫定で難局を乗り切るのは困難と周囲に説得されて、裁定前日の夕方に三木に決めた」と証言する。

「議会の子」を自称する三木は、傍流ながら党幹事長をはじめ主要ポストを歴任し、大きな存在感があった。「男は一度勝負する」と、総裁三選を目指す佐藤栄作に挑むなど、時に政界の火薬庫となり、大国のはざまで生き抜くバルカン諸国になぞらえて〝バルカン政治家〟と言われた。「日和見主義者ということではない。理想を目指すよき意味におけるバルカン政治家でありたい」と、自ら雑誌「中央公論」に書いている。

首相になって期するものがあったのだろう。自民党内に慎重論の強い政治資金規正法改正などを断行した。七六年二月、ロッキード事件が発覚した際は、「日本の政治の名誉にかけて真相を明らかにする必要がある」と積極姿勢をみせた。世論には受けたが、自民党の大半は猛反発、「三木おろし」を始めた。椎名も「一点の惻隠《そくいん》の情さえみられない」と苦り切った。三木は粘り腰で政権を手放さなかったが、同年一二月、戦後初めて任期満了で迎えた衆院選で敗北し退陣した。

自民党総裁選は、数々のドラマを生んできた。

七八年一一月の総裁選の予備選では、「天が決めてくれる」と公言し、勝利を疑わなかった首相福田が、大平に敗北、「天の声も、変な声もたまにはあるなあ」と述べて退陣した。

七九年一〇月の衆院選で敗北した首相大平は、福田から辞任を迫られ、「辞めろということは、私に死ねと言うことだ」と拒否。大平と福田が首相指名選挙を争う事態に発展した。

五五年体制崩壊後、派閥自体が変質し、総裁の座につく政治家のタイプも変わった。だが、権力闘争の本質的なものは変わらない。

テロになぜ弱腰なのか

〔13〕人命は地球より重い

福田赳夫　一九七七年（昭和五二）

「日本赤軍最高幹部の重信房子逮捕」――八日、このニュースを衆院議員会館の自室で聞いた自民党の塩川正十郎氏（現・財務相）は、感慨深げだった。重信も関与したと見られる日本赤軍・ダッカ事件（一九七七年九月）当時、塩川氏は福田赳夫（一九〇五～一九九五）内閣の官房副長官を務めていたからだ。

「後味の悪い事件やったなあ。あまり思い出したくもない。福田さんの選択は仕方なかったと思いますよ」

事件は九月二八日午前一〇時四五分（日本時間）に起きた。インドのボンベイ空港を離陸したパリ発東京行き日航機が、日本赤軍にハイジャックされ一五六人もの乗客、乗員が人質となった。同日午後二時半、同機はバングラデシュの首都ダッカに着陸。犯人は空港から、日本で拘置中の奥平純三ら仲間の釈放と六〇〇万ドル（一六億円）の身代金を日本政府に要求した。

首相官邸で夜通し行われた協議の中で、大きな壁になったのが主権の問題だ。事務の官房副長官だった道正邦彦氏は「直接犯人と交渉することを求めたが、バングラデシュ政府が許さなかった。犯人の言葉は間接的に伝達され、ニュアンスがわからず、確かな情報がつかめなかった」と語る。人命尊重か、法秩序の維持か、政府内で激論になった。法相福田一は犯人の要求に従うべきではないと主張した（事件後に辞任）。

事件が長引き、厳しい表情の福田赳夫首相
（1977年10月3日、首相官邸で）

日本政府は七五年八月、日本赤軍によるクアラルンプールの米国、スウェーデン両大使館占拠事件でも「超法規的措置」で拘置中の過激派五人を釈放した。これを「前例としない」としていた。

だが、二九日朝、首相福田は、要求に従うことを決断した。ダッカの犯人たちは、要求をのまなければ米国人から「処刑を開始する」と脅迫していた。

同日午前一一時半過ぎ、福田は首相官邸で記者団に「人の生命は地球より重い。あれしかやりようがない」と語っている。

福田の長男で、秘書官だった康夫氏(現官房長官)が言う。「学者、マスコミ関係など多方面に意見を聞いて父に報告したが、みんなが人命救助優先だった。当時、海外に自衛隊などを派遣するという発想はなく、『人命は……』は自然に出てきた言葉だと思う」

政府は六人の釈放犯、身代金とともに、石井一運輸政務次官(現民主党副代表)らをダッカに派遣した。事件は一〇月四日、アルジェに渡った犯人たちが、最後まで残した人質一九人を解放し、決着した。

ところが、この九日後に起きたルフトハンザ機ハイジャック事件で、西独政府は犯人に強い姿勢で臨み、最後は特殊部隊の突入によって鮮やかに解決した。西独は世界の称賛を浴び、「テロに屈した日本」のイメージは一段と増幅した。

日本とドイツの対応の落差はなぜなのか。

ドイツ政治に詳しい加藤秀治郎東洋大教授は、戦後のドイツが「闘うデモクラシー」という理念を憲法の中に盛り込んできた点を指摘する。「この理念は『自由の敵には無制限の自由は認めない』という意味で、ヒトラー政権をゆるした反省から生まれた。これが、シュミット西独首相の決然たる態度を支えていた」

福田は後に「私がこの不愉快な事件で得た教訓は、『最高の危機管理の方策の一つは、各国との不断の友好関係だ』ということである」と回顧している。

七八年七月のボン・サミットでは、共同声明にハイジャック対策が盛り込まれ、国際テロに対してともに闘うことが宣言された。以降、日本は大規模なハイジャックを経験していない。だが、テロの脅威から解放されたわけではない。

九六年一二月に発生したペルー日本大使公邸占拠事件。橋本首相は人命を最優先し、交渉を重ねた。フジモリ前大統領が決断した特殊部隊突入は、人質とともに日本政府も救った。

当時の青木盛久ペルー大使が事件後、雑誌『文藝春秋』に寄せた手記に、こうある。「(大使公邸は)日本国の主権下にある区域である以上、自分たちで守らなければいけない。米国は敷地内は自国の軍隊で守っており、日本よりはるかに強固な警備態勢になっている。日本にそれができるのか、自衛隊の派遣問題と絡み、これからの論議を待たなくてはならないだろう」

〔14〕日本列島を不沈空母に

中曽根康弘　一九八三年（昭和五八）

「ロン」「ヤス」と、日米の首脳が互いにファーストネームで呼び合ったのは、一九八三年一月、中曽根康弘首相（一九一八〜）の初訪米の時からだ。「日米は太平洋をはさんでの運命共同体であり、同盟関係にある」（中曽根首相）との言葉に象徴されるように日米関係の強化を印象づけた。

波紋を広げたのは「不沈空母」発言だった。

八三年一月一八日、ワシントン・ポスト紙のグラハム社主らとの朝食会で、取材に応じてこう述べた。

「我が国の防衛に関しては、私なりの見解を持っている。それは、日本列島を不沈空母のように（ソ連の）バックファイアー爆撃機の侵入に対抗する巨大な防衛のとりでを備えなければならないということだ」

野党、マスコミは敏感に反応した。中曽根首相は一九日の記者会見で、そんな表現は使っていないと否定、ポスト紙が「発言はテープにとってある」と反論し、結局、発言を認めるという経緯があった。

中曽根元首相によると、実際の発言は「万一有事の際は、日本列島を敵性外国航空機の侵入を許さないよう周辺に高い壁を持った大きな船のようなものにする」だった。日本側の通訳はこの船を不沈空母と訳したが、「正確には不沈空母と言っていない。だが、この発言で米国の対日不信が一挙に消えた。この効き目が大きかったので、そのままでいいということにした。要するに日本が自分の列島防衛は責任を持ってやることを相手に明確に意思表示する必要があった」

日米関係をめぐっては、前任の鈴木善幸首相が八一年五月の日米共同声明にうたわれた「同盟関係」に軍事的な意味合いはないと発言し、伊東正義外相が辞任するなど、ごたごたが続いていた。米国が日本に武器技術の提供を求めている問題もあった。

外務省北米局長だった北村汎氏がこう

東京サミットでの写真撮影。左からコール西独首相、レーガン米大統領、中曽根康弘首相、ミッテラン仏大統領、サッチャー英首相（迎賓館の庭で、1986年5月）

証言する。

「このままでは日米関係が持たないという重い雰囲気の中で、中曽根総理が訪米直前に米国への武器技術供与を決断した。従来の国会答弁を変更する大問題だったが、日米関係には非常にプラスだった。日米安保体制上、何ら問題がない空母発言に野党が激しく反発した背景には実は、この武器技術供与問題があった」

「不沈空母」は、大平正芳首相が八〇年に訪米した際、カーター大統領との会談の中で口にした言葉でもある。当時官房長官だった伊東氏が、後に雑誌『世界』でこう述べている。

「米国からみれば北西太平洋に日本があるから、そこを安保で利用しているということは、いわば空母みたいなものだ。だから、日本が防衛にそうお金を使わなくてもいいじゃないか。こういう意味で使った」

戦後、吉田内閣が「経済重視、軽武装」路線を敷き、その後の歴代政権もほぼこの路線を踏襲した。大平首相の言う不沈空母も、この路線上だが、中曽根首相の不沈空母論は、従来タブーにしてきた軍事的側面に一歩踏み込み、ソ連に対して日米が共同歩調をとることを明確にした。中曽根内閣が掲げた「戦後政治の総決算」の安全保障面での発露とも言える。

橋本元首相とエリツィン前ロシア大統領との関係もそうだが、外交では近年、首脳外交の重要性が一段と高まっている。

権力の二重構造とは

〔15〕駕籠に乗る人担ぐ人　そのまた草鞋を作る人

田中角栄　一九八四年(昭和五九)

一九八四年三月三〇日夜、東京・紀尾井町のホテルニューオータニ。自民党の最大派閥田中派の懇親会で元首相田中角栄(一九一八〜一九九三)は、一〇〇人を超す国会議員を前に演説した。

「中曽根内閣は大変だ。我々が(首相に推して)荷を負わせたんだから、しっかり後押ししなければならない。駕籠《かご》に乗る人担ぐ人、そのまた草鞋《わらじ》を作る人という言葉がある。黙って駕籠を担ぎ、草鞋を作っているのが田中派の諸君であり、私は敬意を表している」

「駕籠に……」という言葉は、様々な分業で世の中が成り立っていることのたとえに使われる古いことわざである。

この年九月一〇日、箱根で行われた田中派の研修会でも田中は「我ら駕籠かき、草鞋作りは必要だ。一〇年間のうちに(政権を)担わなければならない時が必ずくる」と呼びかけ、中曽根再選支持を強調した。

田中はこの年、しきりにこの言葉を口にした。

熱弁を振るう田中角栄元首相(1983年8月27日、田中派研修会で)

なぜか。田中の秘書を長年務めた早坂茂三氏(政治評論家)がこう語る。

「角さんはロッキード裁判での無罪を確信していた。裁判に勝つために派閥の勢力を拡大し、圧倒的な与党の数の優位を背景に司法に無言の圧力を加え続けた。だが、他派閥から取り込んだ議員を厚遇し、最大派閥でありながら担いでばかりという矛盾に、若手の不満は高まった。『駕籠に……』はそんな時の言葉だ。追い詰められた政治家の危機感があった」

最大の権力者が首相ではな

い、という権力の二重構造が揺らぎ始めていた。

最初の激震が、箱根の研修会後に発覚した田中の側近、二階堂進副総裁の総裁擁立構想だ。首相経験者の福田赳夫、鈴木善幸、公明党の竹入義勝委員長、矢野絢也書記長、民社党の佐々木良作委員長らが画策したこの動きは、田中の強い反対で不発に終わった。

翌八五年二月七日には蔵相竹下登が「創政会」を旗揚げした。田中派一二〇人のうち、この時、名を連ねたのは後に首相になる小渕恵三、橋本龍太郎、羽田孜の各氏ら四〇人。田中は報告に来た竹下に「いや、いいんだ。同心円でいこうや」と語ったが、「派内の乱」の衝撃は大きかった。田中は二〇日後に脳こうそくで病床につく。

「我々は田中派を作った時から後継は竹下さんという思いがあった。田中さんはそれが嫌だったんじゃないか。自分の家来であっても、竹下を担ぐ者たちだったことが。権力者の心理だ」（竹下派七奉行の一人、渡部恒三衆院副議長）

キングメーカーは、『汗は自分でかきましょう。手柄は人にあげましょう』がモットーの竹下に受け継がれた。自民党単独政権が終焉《しゅうえん》するまでの宇野、海部、宮沢の各政権は、最大派閥の竹下派に支えられるところが大きかった。中曽根康弘元首相は、「三木、大平や私の場合、田中と同格だったから自主性をもって内閣を運営した。だが、それ以降は旧田中派に依存し、内閣の独立性がぼやけた」と指摘している。

第六章　失言、暴言、妄言

政治家はときに失言、暴言、妄言を口にする。それが、政局の流れを左右し、閣僚辞任に発展したケースも少なくない。言わずもがなの言葉が実は本音だったり、大衆受けを狙ったジョークから差別意識が透けて見えることもあった。

とくに、物議を醸してきたのが、歴史認識をめぐる発言である。

たとえば近年でも、九七年一月の日韓首脳会談の前日、官房長官梶山静六が記者団に「従軍慰安婦の問題で今騒いでいる人たちは、当時のこと、社会制度や背景を知らないし、今の教育では教えていない。当時は厳然と公娼《こうしょう》制度もあった」と語ったことがある。若い記者に時代の背景を教えてやろうとの思いだったのだろう。だが、政府首脳のこの唐突な発言はただちに報道された。日韓首脳会談で、橋本首相は冒頭から釈明に追われた。金泳三韓国大統領が「韓国民にとって非常に敏感な問題であり、納得のいく説明が求められる」と不快感を示し、政治家の発言が政治の歯車を狂わせかねないことを改めて浮き彫りにした。

ユーモアやウィットに富む発言は少なく、不見識な発言、不用意な発言が後を絶たないのはなぜだろうか。

〔1〕日本は天皇中心の神の国

森　喜朗　二〇〇〇年（平成一二）

首相小渕恵三の脳こうそくによる入院で、二〇〇〇年四月五日、森喜朗・自民党幹事長（一九三七～）が急きょ首相の座についた。失言報道は内閣スタート早々から始まった。首相就任あいさつのため橋本龍太郎元首相を訪れた時のことである。

「朝、夜、記者が何時に起きたのか、寝たのか電話してくる。あんなのうそをついてもいいんだろ」

続いて二〇〇〇年五月一五日夜、東京・紀尾井町のホテルで開かれた神道政治連盟国会議員懇談会（綿貫民輔会長）の結成三〇周年記念祝賀会で飛び出した発言が波紋を広げた。

森首相はあいさつの中で、「ややもすると、今、私は政府の立場だから、及び腰になることをしっかり前面に出して、**日本の国、まさに天皇を中心としている神の国であるということを国民の皆さんに承知してもらう。**その思いで我々が運動して三〇年がたった」と述べた。さらに、「人の命はお父さん、お母さんからもらったものだ。端的に言えば、神様からいただいたものだ。神様であれ、仏様であれ、天照大神であれ、神武天皇であれ、親鸞上人であれ、日蓮さんであれ、宗教は自分の心に宿る文化だからもっと教育の現場で取り入れようとなぜ言えないのか」と教育論を展開した。

この「日本は天皇中心の神の国」という部分に民主党など野党は「憲法の国民主権の精神に反する」と猛反発。首相は「誤解を招く表現であったことは大変反省している」と言いながらも、「主権在民」とは矛盾しないとして撤回しない。「我が国には昔から自然の中に、人間を超えるものを見るという考え方があったことを申し上げた。決して天皇を神と結びつけようという趣旨で発言したものではない」と釈明した。

「神の国」発言について釈明する森首相
（参院本会議で、2000年5月17日）

そんな騒ぎがようやく収まったように見えたころ、三番目の失言があった。

六月の衆院選を目前にした新潟市内での講演会で「（有権者には衆院選に）関心がないとか、分からないとか、まだ決めていないというのが四〇％くらいある。関心がないといって寝てしまってくれればいいが、やはり、そうはいかない」と述べたのだ。無党派層の反発を招き、自民党は選挙で苦戦を強いられることになった。

首相の動静を日々ウオッチする番記者の存在が、森首相にはうっとうしかったようだ。七月七日午後、首相官邸の喫煙室に番記者を招き、こんなお説教をしたこともあった。

「都合のいいところだけつまんで書いている。読者が見たらひどいことを言っているとなる。僕も機嫌がいい時も悪い時もあるから、僕が話しやすい雰囲気を作るのも君たちの仕事だろう。君らのマナーが悪いので答えたくなくなることがある。あくまでもサービスだ。義務でも何でもない。僕だって馬鹿じゃないんだから、自分の発言がどういう影響を与えるかはちゃんと考えている」

だが、発言をめぐる問題は、その後も続いた。一〇月二〇日、ソウルで行われた日英首脳会談で森首相は、三年前に自民、社民、さきがけの与党三党訪朝団団長として北朝鮮を訪れた際、日本人拉致《らち》疑惑問題に関連して北朝鮮側に「正面からということでなく、行方不明者という方法もあるんじゃないか。要するに北京でもバンコクでもどこでもいいから、行方不明者ということで、突然見つかったということもいいんじゃないかと」と提案したことを明らかにした。第三国首脳との会談の場で外交の手の内をさらけ出した不用意な発言と受け止められ、外交感覚をも疑わせる結果になった。

決定的な打撃になったのは、二〇〇一年二月九日にハワイ沖で起きた水産高校実習船と米原子力潜水艦の衝突・沈没事故である。その時、横浜市内のゴルフ場にいた森首相は、一報を受けた後、すぐに官邸に行かなかった。首相の危機管理感覚が問題になったが、森首相は、記者団にこう反論した。

「秘書官も『ひとりでも何かあれば連絡を入れます。次の連絡までそこにいてください』と言うので、そのままゴルフのプレーを続行した。私が行かなかったことで何か対応が遅れたんですか。何も遅れていないはずです。無理やりこじつけて私を批判しようとしている。それぞれの司《つかさ》司《つかさ》の皆さんが動いている。これがどうして危機管理なんですか。あなた方が危機管理だと思いこんでやっているからいろんな意見が出るんでしょう。危機管理ですか。事故でしょ。私はリーダーシップをきちんと発揮したと思ってますよ」

森首相と記者団とは、就任直後から二〇〇一年四月に退陣するまで険悪な関係に終始した。

森内閣で内閣官房参与を務めた政治評論家の中村慶一郎氏は、雑誌『諸君』二〇〇一年七月号に「森喜朗ＶＳ番記者の二七〇日戦争」という論文を寄せ、森氏の失言問題は、報道機関のあり方に問題があると反論している。

「今の若い記者たちの中には、デスクに言われているのかも知れないけれど、こういう風に首相に何か失言はないかと言葉尻をとらえようと日々追っかけている人もいるわけです。（中略）せっかく心をこめたスピーチをしても話の趣旨と関係のない、そういう枝葉末節の箇所のみ『針小棒大』に極大化して記事を作るような記者を日々相手にしていたら、首相の側も信頼感を持つわけもない。そんな記者たちのぶら下がりのような取材に対して、森さんが『ノーコメント』を貫くようになるのも必然ではないでしょうか」

〔2〕めかけは四人でなく五人

三木武吉　一九四六年(昭和二一)

インタビューに応じる三木武吉
民主党総務会長(1955年11月30日)

戦後まもない一九四六年四月の衆院選で、香川選挙区から立候補した自由党の三木武吉は、立会演説会で他候補から「ある有力候補のごときは妾《めかけ》を四人も連れている」と批判された。

三木はこれを受けて、こう演説したという。

「その有力候補とは不肖三木武吉であります(……)正確を期するために、無力候補の数字的間違いをこの席で訂正しておきます。妾が四人と申されたが事実は五人であります。もっともいずれも老来廃馬となって役に立ちませんが、これを捨て去るごとき不人情は三木武吉には出来ませんから、みな養っております」(三

木会『三木武吉』から）

三木は後に保守合同を実現する大政治家となるが、こうした発言がまったく問題にされない時代だった。

女性議員が国会に登場するのは女性に参政権が認められた四六年の衆院選からだ。

こんな事件が起きた。五三年八月一日、衆院本会議で自由党と左右両派社会党のヤジの応酬となり、右派社会党の堤ツルヨが「断末魔の自由党」と叫ぶと、自由党の有田二郎が「パン助だまれ」と言ったのだ。議場は騒然、右社議員が有田の議席でもみ合い大混乱に。しかし、有田は陳謝しただけで懲罰扱いにもならなかった。こんな暴言が、陳謝で済んだことに女性軽視の空気がうかがえる。

首相として初めて女性問題の批判を浴びたのは宇野宗佑。このころから日本でも性のモラルが政治問題化しはじめた。だが、相変わらずの感覚の政治家も少なくない。

宇野内閣の堀之内久男農相は、参院選の真っただ中の八九年七月七日、三重県内の演説会で、政界への女性進出に関連して「女性が政治の世界で使い物になるか。（社会党の）土井委員長は結婚もしていない。子を産んだこともない。これで日本の総理がつとまるか」と発言した。後に取り消したが、女性の自民党批判の火に油を注いだ。

〔3〕ばかやろう

吉田　茂　一九五三年（昭和二八）

一九五三年二月二八日の衆院予算委員会。右派社会党西村栄一は、執ように首相吉田茂を追及した。
西村「過日、国際情勢は楽観すべき状態と演説したが、根拠はあるのか」
吉田「戦争の危険が遠ざかりつつあると英米首脳が言っているから私も信じた」
西村「日本の総理大臣として国際情勢の見通しと対策を述べるのが当然だ」
吉田「日本の総理大臣として答弁したのだ」
西村「興奮しない方がよろしい」
吉田「無礼じゃないか」
西村「国際情勢の見通しについてチャーチルの言説を引用しないで、日本の総理大臣として答弁なさいというのに、何が無礼だ。答弁できないのか、君は」
吉田「ばかやろう」
西村「国民の代表をつかまえて、ばかやろうとは何事だ。取り消しなさい」

国会で答弁する吉田茂首相（1953年7月6日）

売り言葉に買い言葉。「吉田ワンマン」らしい発言でもあった。

ただ、当時、この委員会にいた松野頼三・元防衛庁長官は、「吉田さんは答弁としてばかやろうとは言っていない。答弁を終え、横を向いてつぶやいた言葉がマイクに拾われて聞こえてしまった」と証言する。

この発言は、野党ばかりでなく、与党自由党の反吉田勢力にとっても絶好の攻撃材料になった。首相の懲罰動議は可決され、内閣不信任案も可決された。吉田は、解散に踏み切った。

後に吉田は「とるに足らぬ言葉尻《じり》」をとらえての不信任案可決は「多くの奇怪事の中でも最大のものとして私はこれを忘れることはできない」（『回想十年』）と述懐している。

衆院解散をめぐる失言としては、こんなケースがある。

九一年九月三〇日夜、海部俊樹首相は、首相官邸での小渕恵三自民党幹事長ら党四役との協議の中で、「時局の重大性を認識している。重大な決意を持っている」と語った。首相は、内閣の命運をかけるとの決意で取り組んできた政治改革関連法案が、野党ばかりか自民党内の強い抵抗もあって廃案になることを事前に知らされていなかった。このことに強い不快感を覚えての発言だった。

首相が「重大な決意」と言えば、永田町では衆院解散か内閣総辞職のことを指す。「脅し」ともとられたこの言葉に、首相を支持していた竹下派会長の金丸信・元副総理が「軽率だ」と怒り、海部氏への反発が竹下派の中で急速に高まった。

海部氏は政治改革実現のための起死回生の策として衆院解散を模索したが、断行することもできず、この直後に行われた自民党総裁選への出馬断念に追い込まれた。五〇％を超える内閣支持率があり、再選も有力視されていた海部首相だったが、自分の言葉で墓穴を掘ることになった。

感情が爆発しての暴言という意味ではこんな例もある。

三八年三月三日、国家総動員法案を審議中の衆院国家総動員法案委員会でのこと。説明に立った陸軍省軍務局課員陸軍航空兵中佐佐藤賢了は、政府委員でもない佐藤の演説を遮ろうとする議員のヤジに「黙れ」と一喝した。激しい抗議を受けて佐藤は発言を取り消したが、当時の軍部の横暴、議会軽視ぶりを見せつけた。

更迭覚悟で持論展開

〔4〕日韓併合は韓国側にも責任

藤尾正行　一九八六年（昭和六一）

すでに、日韓関係にも影響が出始めていた。

一九八六年九月八日昼の政府・与党首脳会議。

藤尾正行文相（一九一七〜）は延々と持論を述べ、こう語った。

「私の発言が間違いで辞任するというのではおさまらない。中曽根内閣にとってけしからん藤尾は罷免した、というのが韓国に示す表現として一番適切だ。**どうか、私を打ち首にしてほしい**」

藤尾氏はこの日夜、中曽根康弘首相に罷免された。

藤尾氏の問題発言は、雑誌『文藝春秋』の一〇月号に掲載された。最も問題になった部分は、このような趣旨だ。

《日韓併合は伊藤博文と韓国を代表していた高宗との談判、合意に基づいて行われている。**韓国側にもやはりいくらかの責任なり、考えるべき点はあると思う。**もし合邦がなかったら、清国が、ロシアが、あるいは後のソビエトが、朝鮮半島に手を付けなかったという保証があるのか》

藤尾正行氏

首相が訪韓を控えていた時期に、韓国民には屈辱的な日韓併合にあえて触れ、韓国側にも責任があったという文相発言には、韓国と、野党が反発した。が、藤尾氏は持論だとして撤回せず、辞任しなかった。

新憲法下で任期途中に辞任した閣僚はのべ八〇人以上にのぼる。このうち、放言・失言で職を失ったのは、一三人（一九二頁「戦後、失言で更迭された閣僚」参照）で、歴史認識に関する発言が目立つ。中国や韓国が反発し外交問題に発展、その責任をとる形の辞任、が繰り返された。

こんなケースもあった。

七三年五月二六日、防衛庁長官増原恵吉は天皇陛下に防衛問題について内奏《ないそう》（説明）後、取材に応じて「昔の軍隊は悪い面もあったが、そこはまねてはいけない。良い面を取り入れてしっかりやってほしい」など天皇の言葉を紹介した。

これに野党が「天皇を自衛力の拡大強化に利用しようとした」と、かみついた。「天皇は国事行為のみを行い、国政に関する機能は有しない。天皇を国政に結果として利用したとすれば内閣全体の責任だ」というわけだ。

増原は「天皇陛下から国政に関する発言があったという事実は全くありません」と述べて、辞任した。

戦後、失言で更迭された閣僚（日付は辞任、罷免の日）

一九五二年一一月二九日　池田勇人通産相

■経済原則によらぬことをやっている方がおられた場合、倒産し、自殺するようなことがあってもやむを得ない（衆院本会議で）

一九六八年二月二三日　倉石忠雄農相

■今の憲法は他力本願。こんなばかばかしい憲法を持っている日本は妾のよう（記者会見で）

一九七一年二月九日　小林武治法相

■予算は形式的にお祭り的に国会にかけなければならない（自民党の演説会で）

一九七一年一二月三日　西村直己防衛庁長官

■国連は田舎の信用組合のようなものだ。中国が入ると悪くなる（記者会見で）

一九七二年一月二八日　原健三郎労相

■養老院へ行くような人たちは感謝の気持ちを忘れた人たち。人のことは考えないがりがり亡者だ（地元の成人式で）

一九七三年五月二九日　増原恵吉防衛庁長官

■（記者団に天皇陛下のお言葉を披露）

一九八六年九月八日　藤尾正行文相

■日韓併合は韓国側にも幾らかの責任なり、考えるべき点はある（月刊誌『文藝春秋』で）

一九八八年五月一三日　奥野誠亮国土庁長官

■（日中戦争について）あの当時日本に侵略の意図はなかった（衆院決算委員会で）

一九九三年一二月二日　中西啓介防衛庁長官

■半世紀前に作った憲法にしがみついているというあり方はまずい（講演で）

一九九四年五月七日　永野茂門法相

■南京大虐殺というのはでっち上げだ（毎日新聞に）

一九九四年八月一四日　桜井新環境庁長官

■日本も侵略戦争をしようと思って戦ったのではない（記者会見で）

一九九五年一一月一四日　江藤隆美総務庁長官

■日本が朝鮮で教育を施し、港や道路を造り、用水路を開いたというのは良いことをしたと思う（記者会見後のオフレコ懇談）

二〇〇〇年二月二五日　越智通雄金融再生委員長

■検査の仕方とかできついとかあったら、直接仰せつけ下さい（金融関係者への講演）

毒舌？ 差別？ あるいはユーモア

〔5〕野党の毛バリで釣られる魚は知能指数が低い

渡辺美智雄　一九八六年（昭和六一）

八六年三月一日、通産相渡辺美智雄（一九二三〜一九九五）は、福岡市内でこう演説した。

「野党は税金まけろ、橋や道路は造れとうまい話ばかりする。これは毛バリで釣りをするようなもの。毛バリで釣られる魚は知能指数が高くない。愚か者が増えると国が滅びる」

野党は一斉に罷免を要求、渡辺は六日の衆院本会議で「発言の一部に軽率なものがあったと深く反省している。十分、心に戒めていきたい」と陳謝した。

ところが、その後も言いたい放題。毛バリ発言のほか自民党政調会長時代には、「中国の山西省あたりには、**まだ穴を掘って住んでいる人がいっぱいいる。**政治が良くないからだ」（八八年二月）、「日本人は破産すると夜逃げとか一家心中とか、重大に考えるが、向こうの連中は黒人とかいっぱいいて、『うちは破産だ。明日から払わなくていいんだ』とケロケロ、アッケラカンのカーだよ」（同七月）といった具合だった。

渡辺は、自らの失言について「言葉の一部だけで全体のトーンをつかまえないで目くじら立てる。政治にはユーモアがあった方がいい。ミッチー節は健在であります」（九〇年二月のインタビュー）と語って

講演する渡辺美智雄氏（1991年10月9日、大阪市内で）

いた。

渡辺の死後、担当記者たちが追悼文集「温故知新」を出した。記者の多くが、失言に振り回されながらも、栃木弁で政治をわかりやすく語ったミッチーの魅力に触れている。

「ややもすれば弱者をやゆする形で笑わせようという傾向があったのは気になったが、ミッチー失言は基本的に過剰なるサービスの発露の故だった」（テレビキャスター橋本五郎氏）

だが、首相や閣僚の場合、内容によっては軽口では済まされない。

こんな問題発言も（日付は発言した日）

一九三八年三月一七日　西尾末広衆院議員

■近衛首相は、ヒットラーのごとく、ムッソリーニのごとく、あるいはスターリンのごとく大たんに日本の進むべき道を進むべきであろう（衆院本会議で）

一九八三年一二月　秦野章法相

■政治家に古典道徳の正直や清潔などという徳目を求めるのは、八百屋で魚をくれというのに等しい（「文藝春秋」一二月号のインタビュー記事）

一九八六年九月二二日　中曽根康弘首相

■アメリカには黒人とかプエルトリコとかメキシカンとかそういうのが相当おって、平均的にみたら（知的レベルが）非常にまだ低い（自民党全国研修会で）

一九八八年四月二三日　森喜朗自民党全国組織委員長

■大阪は金もうけだけを考える町になっている。言葉は悪いが、たんつぼだ（自民党京都府連主催の政経文化パーティーで）

一九九〇年九月二一日　梶山静六法相

■（不法入国者に関して）悪貨が良貨を駆逐する。アメリカにクロが入ってシロが追いだされるというように（記者会見で）

第七章　インタビュー録

田村元・元衆院議長――「個性と時代映す失言」

政治家は常に大勢の人たちに囲まれ、発言する機会も多い。だから、失言にもならないような言葉まで取り上げられるリスクを常に抱えている。

例えば森首相の「神の国発言」などは、昔なら記事にならなかった。神道政治連盟に行って、お世辞を言っただけという感じでしょう。天皇を中心とした神の国ができるはずもないし、不用意といえば不用意、かわいそうと言えばかわいそう。森君は、行った先で迎合するクセがある。お世辞の軽口、彼はよくやるんだ。

失言には、政治家の個性が反映するが、その時々の政治状況も影響する。

あの発言が取り上げられた背景には、森内閣の生い立ちの問題がある。小渕君が突然倒れたから仕方がなかったとは言え、五人で首相を作ったというマスコミの受け止め方があった。

議会制民主主義に反するという厳しい批判が生まれた。だからマスコミが積極的に取り上げて失言問題にしたという面もある。

政治家の失言、放言といっても一概には言えない。渡辺美智雄君のはお粗末だった。おそらく平素、選挙区で軽口をたたいているような時に使っておったのだろう。そんな失言だ。

歴史認識をめぐる失言は、確信犯だ。あの戦争を聖戦と呼びたい人がいる。侵略戦争というのが今の常識だが、そうじゃないと言うんだから。自分の発言の及ぼす影響なんか考えない、おれの考え方で国民を教育してやるんだという。そういう人は演説会でも堂々と話してますよ。

加藤紘一君の今回の造反劇の中では「評論家的なことばかり言って済むタイミングはもう過ぎた」という言葉がまずかった。じゃあ今まで評論家だったのか、となる。森君の失言よりも国民の心に悪い意味で残ったかもしれない。国民への裏切りになるからだ。

政治家にとって言葉は大事ですね。昔の政治家には味のある、豊かな言葉を使う人が多かった。

自民党副総裁だった大野伴睦は洒脱《しゃだつ》な人。衆院解散の時だったかな、「猿は木から落ちても猿だが、代議士は落ちたらただの人、みんながんばってくれ」と。

その伴睦が自分の政治結社を白政会と名付けた。「白さも白し富士の白雪じゃ」といばっているのさ。不肖《ふしょう》大野伴睦ににごりはないわと言った。僕が、「大野伴睦から濁りをとったらおおのはんほくだ」と言ったら、怒られた。話の腰を折るなと。

僕もいろいろ発言したが、不思議と一度も舌禍事件を起こしたことがない。一対一ではオフレコで話をしたが、二人以上の時は言いませんでしたね。

かつて田中角栄がよく口にしたものだ。「言っていいこと悪いこと、言っていい人悪い人、言っていい場

田村元氏

所悪い場所」(談)

◇　◇　◇

たむら　はじめ　生粋の党人政治家。五五年衆院選で旧三重二区から初当選。当選一四回。労相、運輸相、通産相を歴任し第六六代衆院議長を務めた。九五年六月に政界引退を表明した。

芳賀綏・東工大名誉教授――「粗弁」の時代を超えるために

■二〇世紀の政治の言葉を振り返って、どんな感慨を持つか

政治の中で言論の地位がまだ確立されていない。日本社会で言論が高いステータスを持つに至っていない。国会も「言論の府」の実を備えていない。これが、近代国家発足から一〇〇年以上たって総括的に言えることだ。

かつて政治家の言論の地位は今ほど低くなかった。明治の政談演説は民衆の政治参加の先導役になり、とくに尾崎咢堂(行雄)の舌ぽう鋭い言論などは大正デモクラシーへの門を開いた。

政治家、政治運動家の言論は国民をリードする力があり、有権者側も政治言論は自分たちを導いてくれるという意識があった。

ところが満州事変以後、政治家と軍の関係に変化が生じ、政治家の地位が相対的に低下した。民衆も、次第に政治家より軍のほうが偉いと思うようになる。

そんな中で、浜田国松や斎藤隆夫は最高レベルの言論を残した。己以外に何ら頼れない立場に立たされて、軍に対して言葉で痛撃を加えた。彼らの言論の質は、明治以来の演説史の最高水準を結晶させたものと言っていい。

敗戦後、民主国家になり、政治の地位は戦前と比較にならないぐらい高くなった。言論の地位も、新

憲法と新制度で完全に保障された。ところが、反比例して言論の質は低くなった。

■なぜ政治の言論の質が低くなったのか

いろんな理由がある。

政治家が軍や官の圧迫と戦う必要がなくなった。人間ががけっぷちに立ったときの澄み切った心境、腹の据わった境地を必要としなくなった。

岸内閣までは政治的な摩擦と熱気があったが、六〇年安保以後、経済の季節になり、政治が理念性を失い、全体にぬるま湯的、微温的になった。言論の際立ちようがない。

万年与党、万年野党と固定化し、与党にすれば言論はいらない、野党にすれば言論はむなしい。五五年体制が随分言論をだめにした。また、政治家が地元サービスに割くエネルギーは昔とは比較にならない。発言回数はやたらに増えたが、パーティーでの講演、あいさつや地元の後援会回りは同じレベル。甘えとサービスのスピーチばかりで、しまりがなくなる一方だ。

立会演説の廃止が、政治言論をだめにしたという説がある。選挙民を前にライバルと並び、そこで内容、演説技術、演壇度胸を競う場があった。

メディアも変わった。テレビでは「短い時間でインパクトのあることを」と求められ、政治家がそれに乗る。視聴者もそれに慣らされる。論理的に骨のある話は要求されない。メディアが言論を散発的、瞬発的、断片的に扱う傾向が強まる中で、政界は連立時代に入り、政治内容も言論も液状化が進んだ。

政治家をして、言論の戦いをなさしめる条件は、どんどん消滅した。今や、政治家が官僚やメディアの表現を使い、自分の言葉で語ろうとしない、粗末な弁舌、「粗弁」の時代だ。名演説を知らない現代の政治家は自身の言葉の粗末さを自覚していないらしい。

■政治言論に期待するものは

論理的でなくても政治言論として通用することがおかしい。「理路整然」ということがもっと評価されなくては。斎藤隆夫は、字句を練りに練った約二時間の演説原稿を全部暗記し、壇上ではメモを見るだけだった。今の政治家はその対極にいて、軽いアドリブか棒読みかだ。せめて何歩かでも斎藤の姿勢を持ってもらいたい。

芳賀綏氏

政治家も時代の子だから情報を重視するのはわかるが、データを消化して、さらに言葉の円熟とか洗練とかに目を向けてほしい。そのためには政治家にもっと考えを練る暇を与えなければ。文化全体の底上げと一体の問題としてメディアも自覚すべきだ。

ロジック（論理）とレトリック（言語表現）の二本の柱の確立が必要だ。つまり、現代の政治言論の「骨なし」と「粗弁」を裏返しにしなければならない。

さらに、政治家の発言は、世界に発信する意識をもってほしい。クエスチョン・タイム（党首討論）が導入された時には大きな期待を抱いた。政治リーダーたちの顔と声が国の内外に明らかになり、日本政治の動向が大所高所から捉えられるようになると思ったからだ。しかし、現実の討論は気迫と理念を欠き、低調なのに失望した。世界的視野の中で高次元の討論を展開しなければ無意味だ。

政治言論の衰弱が極まった世紀末のあとに、二一世紀になって登場した首相・小泉純一郎氏が清新なスタイルを印象づけ、好感をもって迎えられた。政治言論のためには気を吐いたものといえるが、このようなことも突破口に生かして、政治家の言論が本来の姿を示せるよう、誰よりも国民が強い問題意識をもたなくてはならない。

◇　◇　◇

はがやすし　東京工業大名誉教授。言語文化・政治文化の観点から日本政治を論評している。著書は『言論と日本人　歴史を創った話し手たち』（講談社学術文庫）、『現代政治の潮流』（人間の科学社）など。

参考文献

新聞各紙、各政党機関紙、各政党史、『中央公論』、『文藝春秋』、『世界』、『諸君』など雑誌をはじめ多くの書籍を参考にいたしました。通史としては、衆参両院による『議会制度百年史』『目で見る議会政治百年史』（一九九〇年）、芳賀綏『言論と日本人　歴史を創った話し手たち』講談社学術文庫（一九九九年）、前田英昭『エピソードで綴る国会の百年』原書房（一九九〇年）、岸本弘一『議会は生きている―国会百年、政治家はかく語った』時事通信社（一九九〇年）、林茂・辻清明編『日本内閣史録』第一法規出版（一九八一年〜）、北岡伸一『自民党―政権党の38年』読売新聞社（一九九五年）などです。

【第一章】

小泉純一郎『官僚王国解体論』光文社（一九九六年）
竹下登『政治とは何か―竹下登回顧録』講談社（二〇〇一年）
東大法・蒲島郁夫ゼミ編『「新党」全記録』木鐸社（一九九八年）
小沢一郎、小林泰一郎構成『語る』文藝春秋（一九九六年）
小沢一郎『日本改造計画』講談社（一九九三年）

武村正義『小さくともキラリと光る国・日本』光文社（一九九四年）
北岡伸一『「普通の国」へ』中央公論新社（二〇〇〇年）
村山富市・辻元清美『そうじゃのう』第三書館（一九九八年）
五十嵐広三『官邸の螺旋階段』ぎょうせい（一九九七年）

【第二章】

尾崎行雄『尾崎咢堂全集』尾崎咢堂全集刊行会（一九六二年）
尾崎行雄『日本憲政史を語る』モナス（一九三八年）
岡義武『近代日本の政治家』文藝春秋新社（一九六〇年）
渡辺恒雄『党首と政党』弘文堂（一九六一年）
原奎一郎編『原敬日記』乾元社（一九五〇年）
前田蓮山『日本宰相列伝　原敬』時事通信社（一九五八年）
吉野作造『吉野作造選集』岩波書店（一九九五年）
岡義武編『吉野作造評論集』岩波文庫（一九七五年）
松村謙三『三代回顧録』東洋経済新報社（一九六四年）
『永井柳太郎』永井柳太郎編纂会（一九五九年）

【第三章】

片岡直温『大正昭和政治史の一断面』西川百子居文庫（一九三四年）
若槻礼次郎『古風庵回顧録』読売新聞社（一九五〇年）
佐高信『失言恐慌』現代教養文庫（一九九五年）
『大蔵省百年史』大蔵財務協会（一九六九年）
浜口富士子編『浜口雄幸遺稿　随感録』三省堂（一九三一年）
川田稔編『浜口雄幸集　論述・講演』未来社（二〇〇〇年）
幣原喜重郎『外交五十年』原書房（一九七四年）
市川房枝『市川房枝自伝』新宿書房（一九七四年）
浅原健三『溶鉱炉の火は消えたり』新建社（一九三〇年）
大谷敬二郎『昭和憲兵史』みすず書房（一九六六年）
木堂先生伝記刊行会『犬養木堂伝』原書房（一九六八年）
大木操『激動の衆議院秘話』第一法規出版（一九八〇年）
『平沼騏一郎回顧録』平沼騏一郎回顧録編纂委員会（一九五五年）
ウインストン・チャーチル『第二次大戦回顧録』毎日新聞社（一九四九年）
斎藤隆夫『斎藤隆夫政治論集』斎藤隆夫先生顕彰会（一九六一年）
矢部貞治『近衛文麿』読売新聞社（一九七六年）
近衛文麿『失はれし政治』朝日新聞社（一九四六年）

川崎秀二『憲政に光を掲げた人々』憲政に光を掲げた人々普及会(一九七八年)
中野泰雄『父・中野正剛ーその時代と思想』恒文社(一九九四年)
緒方竹虎『人間中野正剛』鱒書房(一九五一年)
丸山真男『現代政治の思想と行動』未来社(一九六四年)
川崎秀二『早稲田の政治家たち』恒文社(一九七五年)
室潔『東條討つべし　中野正剛評伝』朝日新聞社(一九九九年)

【第四章】

佐藤達夫『日本国憲法誕生記』中公文庫(一九九九年)
西修『ドキュメント　日本国憲法』三修社(一九八六年)
『内閣法制局の回想』内閣法制局百年史編集委員会(一九八五年)
野坂参三『日本民主化のために』人民社(一九四八年)
片山哲『青い鳥を求めて』朝日新聞社(一九四九年)
片山哲『回顧と展望』片山哲記念財団(復刻版、二〇〇〇年)
石橋政嗣『五五年体制　内側からの証言』田畑書店(一九九九年)
高坂正尭『宰相吉田茂』中公叢書(一九六八年)
宮沢喜一『戦後保守政治の証言』読売新聞社(一九九一年)
宮沢喜一『東京―ワシントンの密談』中公文庫(一九九九年)

林房雄『随筆　池田勇人　敗戦と復興の現代史』サンケイ新聞社（一九六八年）
伊藤昌哉『日本宰相列伝　池田勇人』時事通信社（一九八五年）
袖井林二郎『マッカーサーの二千日』中公文庫（一九七六年）
袖井林二郎編訳『吉田茂＝マッカーサー往復書簡集』法政大出版局（二〇〇〇年）
ダグラス・マッカーサー『マッカーサー回想記』朝日新聞社（一九六四年）
袖井林二郎・福島鑄郎編『マッカーサー　記録・戦後日本の原点』日本放送出版協会（一九八二年）
リチャード・B・フィン『マッカーサーと吉田茂』同文書院インターナショナル（一九九三年）
鈴木茂三郎『忘れえぬ人々』中央公論社（一九六一年）
田村祐造『戦後社会党の担い手たち』日本評論社（一九八四年）
『河上丈太郎　十字架委員長の人と生涯』河上前委員長記念出版委員会（一九六六年）
『河上丈太郎演説集』河上民雄後援会（一九八八年）
吉田茂『回想十年』中公文庫（一九九八年）
宮崎吉政『実録　政界二十五年』読売新聞社（一九七〇年）
田中明彦『安全保障　戦後五十年の模索』読売新聞社（一九九七年）

【第五章】

『三木武吉』三木会（一九五八年）
大野伴睦『大野伴睦回想録』弘文堂（一九六二年）

下田武三『戦後日本外交の証言』行政問題研究所（一九八四年）
鳩山一郎『鳩山一郎回顧録』文藝春秋新社（一九五七年）
河野一郎『今だから話そう』河野洋平（復刻版、一九七四年）
読売新聞政治部『権力の中枢が語る自民党の三十年』読売新聞社（一九八五年）
『石橋湛山評論選集』東洋経済新報社（一九九〇年）
猪木正道『私の二十世紀　猪木正道回顧録』世界思想社（二〇〇〇年）
加藤紘一『いま政治は何をすべきか』講談社（一九九九年）
原彬久『岸信介―権勢の政治家』岩波新書（一九九五年）
原彬久『戦後史の中の日本社会党』中公新書（二〇〇〇年）
西尾末広『西尾末広の政治覚書』毎日新聞社（一九六八年）
浅沼稲次郎追悼出版編集委員会『驀進　人間機関車ヌマさんの記録』日本社会党（一九六二年）
曾祢益『私のメモアール―霞が関から永田町へ』日刊工業新聞社（一九七〇年）
福田赳夫『回顧九十年』岩波書店（一九九五年）
楠田実『佐藤政権・二七九七日』行政問題研究所（一九八三年）
佐藤栄作『佐藤栄作日記』朝日新聞社（一九九八年）
佐藤寛子『佐藤寛子の「宰相夫人秘録」』朝日新聞社（一九七四年）
リチャード・ニクソン『指導者とは』文藝春秋（一九八六年）
飛鳥田一雄『生々流転　飛鳥田一雄回想録』朝日新聞社（一九八七年）

美濃部亮吉『都知事12年』朝日新聞社（一九七九年）
太田久行『美濃部都政12年　政策室長のメモ』毎日新聞社（一九七九年）
河野謙三『議長一代』朝日新聞社（一九七八年）
毎日新聞社『人命か法か―ドキュメントハイジャック』毎日新聞社（一九七七年）
読売新聞調査研究本部『日本の国会―証言・戦後議会政治の歩み』読売新聞社（一九八八年）
中曽根康弘『天地有情』文藝春秋社（一九九六年）
田中角栄『日本列島改造論』日刊工業新聞社（一九七二年）

【第六・七章】

吉村克己『戦後総理の放言・失言』文春文庫（一九八八年）
田村元『政治家の正体』講談社（一九九四年）

あとがき

どんな言葉が、人々の心に残り、時代を動かすのでしょうか。

読売新聞の政治面で「二〇世紀　政治のことば」という連載がスタートしたのは、二〇〇〇年一月でした。九〇年代に入り、バブルの崩壊と符節を合わせるように日本政治は不安定感を増し、国民の政治不信も一層増大しました。「政治の言葉」が、あまりにも軽く感じられました。かつてはこうではなかったのではないか、との思いから日本の政治史を言葉で振り返る作業を始めたのです。

政治家、とくに首相ともなれば、そのひと言は重く、波紋も大きく広がります。橋本龍太郎・元首相からこんな話を聞いたことがあります。沖縄返還問題で揺れていたころのこと。軽井沢の別荘で、佐藤栄作首相に、「核抜きで返還に応じるのですか」と尋ねたところ、佐藤首相はギョロっとにらんだだけで、話題を変えたそうです。橋本氏は「自分も首相になって肌身にしみたが、本当に自分で判断し、決断しなければならないことを安易にしゃべるものじゃないというのを後になって教えられた気がする」と語っていました。

この本では、そんな重い言葉から軽い言葉まで様々なタイプを扱いました。おおまかに分類すると次の通りです。

一、いわゆる名演説、名言です。尾崎行雄や浜田国松、斎藤隆夫らの演説は迫力がありました。岸信介の「声なき声に耳を傾けたい」、鈴木茂三郎の「青年よ銃をとるな」などは政治家の思いを的確に表現しています。川島正次郎の「政界、一寸先は闇」は、政治の本質をとらえた言葉として今でもよく使われます。

二、名言としては流布していませんが、政治家の思想が凝縮された言葉です。市川房江の「婦選はカギなり」は、婦選会館の壁にかかっていた銘文を見て、「これだ」と思って取材しました。

三、政治家が使うことわざ、古くからある表現です。「曲学阿世の徒」、「駕籠に乗る人担ぐ人」、「青天の霹靂」といった言葉は、政治史の一局面を鮮やかに想い起こさせます。

四、政治家の言葉ではありませんが、日本の政治に影響を与えた言葉です。大正デモクラシーをリードした思想家吉野作造や、占領期に日本の事実上の支配者であったダグラス・マッカーサーの言葉を紹介しました。

五、物議を醸した失言などです。

政治家はもとより家族、秘書など関係者、研究者の方々からも長時間にわたってお話をうかがいました。限りある紙面ではそのごく一端しか紹介できなかったのが残念です。読者の方からも、連載中、表記や史実の見方などに関していろいろな指摘をいただきました。三木武吉の記事を読んだ民主党の鳩山由紀夫代表が、「私利私欲を去り、救国の大業を成就させる決心だ」という言葉を記者会見で引用して、三木のような政治家になりたいと述べたこともありました。いい言葉は時空を超えて生き続けるものです。

二〇〇一年四月に誕生した小泉純一郎首相は、明確な言葉を発して、国民の大きな共感を得ました。「政治の言葉」の復権が、政治の復権にもつながることを願ってまとめたこの本が、今の政治を考える一助になればと思います。二十一世紀の政治が、より豊かな言葉を生むことを期待します。

この本は、政治部の飯田政之、河野修三、鳥山忠志、池辺英俊、佐藤昌宏、林博英、吉山一輝、尾山宏、大津和夫、鈴木雄一が取材、執筆にあたりました。連載の立案の段階では、芳賀綏東工大名誉教授に、出版にあたっては明海大学の三好陽氏、東信堂の下田勝司社長に大変お世話になりました。この場を通じてお礼を申し上げます。

二〇〇一年七月

政治部次長　飯田　政之

著　者

読売新聞政治部

時代を動かす政治のことば——尾崎行雄から小泉純一郎まで

2001年11月10日　初　版第1刷発行　〔検印省略〕

＊定価はカバーに表示してあります

著者© 読売新聞政治部／発行者 下田勝司　印刷・製本 中央精版印刷

東京都文京区向丘1-20-6　郵便振替 00110-6-37828
〒113-0023　TEL (03) 3818-5521(代)　FAX (03) 3818-5514
E-Mail tk203444@fsinet.or.jp

発行所
株式会社 東信堂

Published by **TOSHINDO PUBLISHING CO., LTD.**
1-20-6, Mukougaoka, Bunkyo-ku, Tokyo, 113-0023, JAPAN

ISBN4-88713-414-2 C0031 ¥1800E © **Yomiurishinbun Seijibu**